COM TODAS AS LETRAS

MAURÍCIO LARA

COM TODAS AS LETRAS

O ESTIGMA DO CÂNCER POR QUEM ENFRENTOU ESTE INIMIGO SILENCIOSO E CRUEL

EDITORA RECORD
RIO DE JANEIRO • SÃO PAULO

2005

CIP-Brasil. Catalogação-na-fonte
Sindicato Nacional dos Editores de Livros, RJ.

L327c Lara Camargos, Maurício, 1952-
Com todas as letras : o estigma do câncer sem meias palavras / Maurício Lara Camargos. – Rio de Janeiro: Record, 2005.
il. ;

ISBN 85-01-07203-6

1. Lara Camargos, Maurício, 1952-. 2. Próstata - Câncer - Pacientes. I. Título.

04-3114 CDD – 926.1665
CDU – 929LARA, M.

Capa: Folio Design

Direitos exclusivos desta edição reservados pela
DISTRIBUIDORA RECORD DE SERVIÇOS DE IMPRENSA S.A.
Rua Argentina 171 – Rio de Janeiro, RJ – 20921-380 – Tel.: 2585-2000

Impresso no Brasil

ISBN 85-01-07203-6

PEDIDOS PELO REEMBOLSO POSTAL
Caixa Postal 23.052
Rio de Janeiro, RJ – 20922-970

Assaz o senhor sabe: a gente quer passar um rio a nado, e passa; mas vai dar na outra banda é num ponto muito mais embaixo, bem diverso do em que primeiro se pensou. Viver nem não é muito perigoso?

João Guimarães Rosa,
em *Grande sertão: veredas*

Agradeço
à Suzana,
pelo companheirismo

A meus filhos,
Isadora e Malco,
e a meus netos,
João e Matheus,
elos da continuidade,
para pensar na vida

Apresentação

Este é um livro-reportagem, escrito por um leigo, para leigos. Tem como ponto de partida o testemunho do autor, que passou por um câncer de próstata. Graças à sua formação de jornalista, ele não resistiu à forte impressão causada pelo estigma que cerca o câncer em nosso país e à vontade de mergulhar no tema. O testemunho foi escrito praticamente em tempo real, durante a vivência do processo de diagnóstico e tratamento do câncer, no período compreendido entre fevereiro e julho de 2004. Essa parte é, por isso, uma narrativa emocionada, mas que nada tem de dramática.

Para conhecer o senso comum sobre esse estigma, foi feita, em parceria com o Instituto Síntese, de Belo Horizonte, uma pesquisa qualitativa, modalidade em que os cidadãos, recrutados conforme técnicas específicas, sentam-se em torno de uma mesa para discutir um tema, a partir de roteiro previamente elaborado. A pesquisa, realizada em 16 e 17 de abril de 2004, foi orientada pela diretora do Síntese, Cássia Paixão, e moderada pelas profissionais Mariana Guimarães e Márcia Rejane

German. Foram seis grupos, com os seguintes perfis socioeconômicos, definidos conforme critérios utilizados no Brasil:

Um grupo com homens das classes D/E
Um grupo com homens das classes B2/C
Um grupo com homens das classes A/B
Um grupo com mulheres das classes D/E
Um grupo com mulheres das classes B2/C
Um grupo com mulheres das classes A/B.

Cada grupo tinha dez participantes, sempre na faixa etária de 35 a 60 anos.

Do recrutamento à elaboração do roteiro e à moderação da discussão, tudo obedeceu a técnicas próprias da pesquisa qualitativa. A utilização do material obtido por intermédio de gravação das discussões deu-se com critérios jornalísticos aplicados pelo autor.

Para facilitar o manuseio e a utilização do conteúdo das discussões e a compreensão do leitor, foram criados alguns personagens que "representam" os grupos no texto do livro, como se segue:

Homens das classes D/E: Dalmo e Davi
Homens das classes B2/C: Carlos e Cirilo
Homens das classes A/B: Amado, Aurélio e Antenor
Mulheres das classes D/E: Dagmar e Delma
Mulheres das classes B2/C: Camila, Clarice e Cátia
Mulheres das classes A/B: Amália e Araci

Propositalmente, foram escolhidos nomes com as letras iniciais iguais a uma letra da classificação socioeconômica dos grupos. Assim, por exemplo, no B2/C, Carlos e Cirilo. Todas as falas colocadas entre aspas no texto são literais.

O livro contém, também, material colhido em entrevistas realizadas com profissionais que lidam com doentes de câncer, como urologistas, oncologistas, assistentes sociais, psicóloga e enfermeiras, de Belo Horizonte e do Instituto Nacional do Câncer, no Rio de Janeiro.

Além disso, um personagem em processo de diagnóstico ligado à próstata, dependente do sistema público de saúde, foi acompanhado pelo autor que, também, fez leituras variadas sobre o tema do livro.

Merecem agradecimentos o personagem, os profissionais da área de saúde e do Instituto Síntese e, especialmente, os anônimos participantes dos grupos de discussão, que se dispuseram a colaborar com este trabalho.

Era só um exame

Um resultado de exame de rotina entregue pelo motoboy do laboratório sequer desperta a atenção dos moradores da casa. Ninguém tinha nenhuma expectativa por aquele resultado, nem sequer o maior interessado. Naquela época, novembro de 2003, eu morava sozinho em Brasília, trabalhando na Secretaria de Comunicação do governo e Gestão Estratégica da Presidência da República. Rotineiramente, passava os fins de semana com a família, em Belo Horizonte. Como em todo novembro, mês de meu aniversário, colhera sangue para medir o PSA[1] antes de ir ao consultório do urologista fazer o exame anual de controle da próstata.

Por telefone, Suzana, minha mulher, leu o resultado: 2.47. Estranhei. 2.47? Esquisito, era o dobro do número habitual, pouco mais de um. Estranhei mas esqueci logo daquilo, porque sabia que o número de referência para o PSA era 4.0. Portanto, 2.47 ainda dava uma boa folga, supus.

---

[1]Sigla de antígeno prostático específico, utilizado para detecção de alterações na próstata.

Mas, não era bem assim. Poucos dias depois, como estava previsto, fui ao urologista em Belo Horizonte, com o resultado do PSA. O toque retal mostrou uma próstata "normal", mas o Dr. Mauro Henrique Campolina não gostou do resultado do exame de sangue. Explicou que, para a minha idade — 51 anos recém-completados —, aquele número era limite. Determinou que eu repetisse o exame exatamente 90 dias depois do primeiro, em 24 de janeiro de 2004. Perguntei o que queria dizer o fato de o PSA crescer assim. Ele respondeu com naturalidade: "Quer dizer que tem câncer."

Saí da consulta perturbado, pensando que o médico tinha sido direto assim para deixar claro, mais uma vez, que eu não devia brincar com aquilo. Não poderia nem pensar em não repetir o PSA na data determinada. Ele tinha sido franco e enfático em 1999, quando meu irmão Washington morreu, aos 61 anos, em conseqüência de metástase de câncer de próstata. Foi um caso de diagnóstico tardio. Dedo em riste, Dr. Mauro Campolina dissera: "Avise a um por um dos seus outros irmãos para não brincarem com isso. É preciso fazer os exames." Aprendi que casos na família aumentavam o risco de câncer de próstata. Eu tinha outros seis irmãos, todos na faixa etária de risco.

Já tinha aprendido, também, que o fato de fazer os exames rotineiramente, com PSA e toque retal uma vez por ano, não garantia nada. Os exames não eram preventivos, mas apenas constatavam um câncer consumado. Um dia poderia aparecer um câncer. Ou não. O que se buscava era o tal "diagnóstico precoce", para aumentar as chances de cura, na eventualidade de o destino colocar um tumor maligno no caminho.

Nos dias seguintes, pensei no PSA e falei dele várias vezes. Comentei com colegas de trabalho em Brasília. Aquilo me preocupou por um tempo. Depois, ficou guardado em algum canto da memória. Lembrava só de vez em quando. Eram dias atribulados. Tinha tomado a decisão de deixar o trabalho em Brasília e retornar às montanhas de Minas. Pesava o fato de ficar longe da família e das raízes e de não ter maiores ligações com a capital federal. Somava-se a isso o cansaço de um ano de trabalho intenso e tenso. Em 12 de dezembro, voltei para Belo Horizonte, tirei férias e descansei.

Mas, quando se aproximou a época de repetir o exame, a lembrança se ativou. Estive em Brasília de 20 a 22 de janeiro e, na volta, colhi o sangue. Era uma sexta-feira, 23 de janeiro de 2004, pela hora do almoço. Um dia antes da data marcada pelo Dr. Mauro Campolina.

Só busquei o resultado na segunda-feira seguinte: PSA = 2.52. Além disso, havia sido medido o PSA Livre e uma tal relação PSA Livre/PSA Total era de 13.10%. Eu não prestei atenção na "interpretação" impressa em letras pequenas no formulário: "Relação superior a 20% indica maior probabilidade de Hiperplasia Prostática Benigna." Acho que a palavra "benigna" me influenciou e me confundiu.

Consegui marcar consulta com o Dr. Mauro para a sexta-feira seguinte, dia 6 de fevereiro, às 16h45. Como quase todo cirurgião, não era fácil conseguir horário e, não raro, esperava-se bastante. Não foi o caso desse dia. Fui atendido pouco depois de ter chegado. Dessa vez, ele gostou menos ainda do resultado. Mostrou que o aumento do PSA estava confirmado e leu para mim a "interpretação" escrita no exame. Só então entendi o que era óbvio. Minha "relação PSA Livre/ PSA Total" era ruim. Só a superior a 20% indicava "maior probabilidade" de qualquer coisa "benigna". Se a minha relação era 13.10%, estava reforçado o risco de meu exame "querer dizer" que havia câncer.

O médico, de novo, foi direto e sincero: "Se fosse só por esses números, eu ia ficar monitorando você, pedindo exames periódicos. Mas como você tem caso de câncer de próstata na família, vai para a biópsia." Ele me informou que a probabilidade de eu ter câncer era de 30%. Foi meu primeiro contato com as fartas estatísticas médicas. Não saí dali só preocupado. Fiquei perturbado. A palavra biópsia bateu mal, muito mal.

Fui direto à sede do meu plano de saúde pegar autorização para fazer uma "ultra-sonografia pélvica transretal".

De lá mesmo, dentro do carro, liguei para a clínica urológica, que o médico indicara, e marquei o exame para a terça-feira seguinte, 11 de fevereiro, às 17 horas. Peguei as instruções para o preparo: antibiótico, lavagem intestinal, jejum, bexiga cheia, levar acompanhante, não dirigir na volta para casa. Fiquei relendo aquela lista. O tal exame era coisa séria.

Passei o fim de semana agitado, ansioso, amolado. O argumento de Suzana, com sua sensatez habitual, era lógico: "Se são 30% de chances de ter, são 70% de não ter." Em 2002, quando apresentava o programa *Pois É*, na PUC TV, em Belo Horizonte, entrevistara o então presidente da seção mineira da Sociedade Brasileira de Urologia, Francisco Horta Bretas, sobre o tema câncer de próstata e outros problemas urológicos dos homens. Tínhamos conversado sobre exames, diagnósticos, cirurgias e conseqüências. "As consultas têm aumentado muito entre a população mais esclarecida", dissera o médico, que comentara também sobre uma habitual postura masculina: "Não vou procurar nada em mim porque vou achar." Mas aquilo estava longe em minha lembrança. Agora, naquele fim de semana, era a primeira vez que procurava na internet informações sobre o assunto. Riscos de conseqüências como "incontinência urinária" e "impotência sexual" entraram no rol das minhas preocupações. E, em todos os textos, lá estavam as estatísticas médicas. Aos montes.

Minha nervosia à flor da pele levou Suzana a alterar horários e cancelar consultas em seu consultório de psicanalista para me acompanhar no exame. Houve atraso e a bexiga, graças aos muitos copos d'água ingeridos conforme as instruções, parecia que ia estourar. A recepcionista tinha me entregado um impresso com recomendações para depois do exame. Não dirigir no mesmo dia, evitar exercícios físicos e relações sexuais por uma semana. No papel, uma advertência sobre a possibilidade de sangramento nas fezes, na urina e no esperma. O tal exame era mesmo coisa séria.

O médico Fernando Carvalho foi gentil durante o exame. Falamos até da política nacional, assunto que minha condição de ex-assessor em Brasília fazia surgir sempre Conversamos sobre conhecidos que tínhamos em comum e sobre a dificuldade de acesso que as pessoas mais pobres têm a exames mais sofisticados. Ele falou, também, de constrangimento e desconforto muitas vezes manifestados por homens mais velhos que tinham de se submeter a exames como aquela "ultra-sonografia transretal".

Para a biópsia, o médico colheu 11 fragmentos de seis partes diferentes da próstata. Ao final do exame, ele reafirmou o que já tinha dito ao longo da sessão: não vira nada de diferente na tela do computador. Por essa hora, eu já tinha construído o seguinte raciocínio: meu organismo dava sinais claros de que teria câncer de próstata. Mas, ainda não. Um dia, sabe-se lá quando.

Na volta para casa, Suzana observou que eu tinha saído da sala de exame muito mais tranqüilo do que entrei. Resultado, só na segunda-feira seguinte, 16 de fevereiro, às 17 horas. O fim de semana passou mais rápido do que o anterior.

“FALA QUE É MENTIRA”

De um modo geral, as pessoas manifestam preocupação quando convidadas a dizer o que vem à cabeça ao ouvirem a palavra doença. Mas, entre as mais pobres, a preocupação é muito maior. “Tenho cinco filhos. Quando um adoece, eu entro em pânico por causa mesmo do atendimento”, reclama Dagmar. Diante de um caso de doença na família, ela pensa assim: “Nossa, pelo amor de Deus, fala que é mentira.”

Para Dagmar, doença, qualquer doença, é sinônimo de desespero. Ela conta que sabia de casos de gente que aguardava meses por um exame de saúde. Delma concorda com ela. “Quando a gente vai no posto de saúde, sente aquela tristeza”, revela a mulher, para quem “a saúde está muito carente”. A ponto de a iniciativa de procurar ou não um atendimento transformar-se em uma decisão difícil. “Quando chega a ir, é porque não agüenta mais”, diz Delma. Ela e os outros sabem que, quanto mais demora, mais a doença tem chances de se fortalecer.

Para Dalmo, “se a pessoa vai ao médico, ele pede um exame, é dois, três meses para conseguir. Não fazendo o exame, a doença vai só aumentando e, quando chega o prazo de fazer o exame, já está velho o problema". Cirilo também pensa assim: "O camarada hoje que não tem um plano de saúde, fica na fila, morre na fila de hospital, não consegue fazer uma cirurgia, não faz tratamento com facilidade."

Davi encontrou uma fórmula original para monitorar sua saúde, ainda que precariamente. Com a dificuldade de ter controle médico, a cada três ou quatro meses ele doa sangue e vale-se do exame que fazem de uma amostra para saber como está seu organismo.

Dalmo e Davi listam o que a população encontra diante da doença, além da tristeza: atendimento precário, remédios muito caros, demora para chegar o dia da consulta e do exame, falta de condições para enfrentar o mal, desemprego, diferença de tratamento para quem pode e quem não pode pagar, dificuldade de acesso aos avanços da medicina.

"Depende de tantas circunstâncias para a gente recuperar", emenda Cátia. Entre as "circunstâncias", aparece a mercantilização da medicina. "Penso em saúde, penso em dinheiro. Saúde é um negócio. E o que tem é um excesso de irresponsabilidade do poder, do governo, basicamente. Em função de não ter um Estado presente, um Estado competente, abre oportunidade para as empresas privadas entrarem e o negócio de saúde é extremamente rentável", analisa Aurélio.

Mas todos, sem exceção, pensam na falta que a saúde faz. "Se a gente não tiver saúde, a gente não é nada", avalia Clarice. E na hora de listar as doenças mais comuns, aparece de tudo: depressão, coluna, coração, pele, diabetes, hipertensão, estresse, colesterol alto. Depressão, ansiedade e estresse parecem merecer um destaque especial. Delma conta que, em sua família, quatro pessoas dependem de "ansiolíticos, antidepressivos, anticonvulsivos e de Diazepan". Ela tem pistas sobre as causas: "A cada dia a situação econômica fica mais difícil. E tem também a violência. Então, a mente da pessoa fica sobrecarregada."

Amália concorda: "Depressão leva a tudo. Onde ela bater e a porta abrir, é onde ela vai invadir." Depressão aparece como um "canal" por onde as doenças entram. Delma chega a pensar que a depressão é a pior doença. "Mente sã, corpo são", ensina ela. Uma mente doente, pensa, vai atrair outras doenças, da gripe ao câncer. "O emocional vai te minando até o limite do insuportável", opina Camila.

Mas eles conseguem listar também doenças "de pobre", como desnutrição, má alimentação, falta de condições sanitárias e, com destaque, a falta de informação. "A informação está protegendo as pessoas", destaca Antenor. É um tempo de muita informação, mas eles sentem falta de mais, muito mais, para evitar males.

"Tonteia primeiro, depois esvazia"

Na segunda-feira pós-exame, vida normal. Trabalhei de manhã na PUC Minas, dando aulas no curso de Jornalismo. Almocei em casa e saí por volta das 14 horas. Ainda bem perto de minha residência, parei para abastecer o carro e, do telefone celular, liguei para a clínica. Quem sabe o resultado, marcado para as 17 horas, já estaria pronto? Menti para quem atendeu dizendo que estava bem próximo do local e seria cômodo para mim pegar o resultado naquela hora, se ele já estivesse disponível, obviamente. Ela pediu um momento e, logo depois, retornou ao telefone dizendo duas palavras: "Está aqui." O coração disparou. Chegara a hora do veredicto.

Quinze, vinte minutos de trânsito intenso me separavam do lugar. Tinha vaga na porta. Parei diante da moça no balcão e dei meu nome. O telefone tocou e ela atendeu. Olhando para ela, pensei: *É porque não é seu o exame*. Tive vontade de exigir o resultado imediatamente. Não falei nada. Esperei no mundo da lua que aquele telefonema terminasse. A moça me entregou uma pasta amarela dentro de um saco plástico grampeado. Lá dentro, um envelope menor, também plástico. Era nele que estaria o resultado da biópsia. Não tive coragem de abrir na frente dela. Entrei no carro e comecei a arrancar os grampos, com dificuldade e tremor nas mãos. O resultado do ultra-som, dentro da pasta amarela, não me interessava. O outro era o mais importante, o definitivo. Abri. Desdobrei as duas folhas brancas com timbre e rodapé azuis. As letras maiores, em caixa-alta, diziam: ANATOMOPATOLÓGICO. Não significava nada para mim. Na primeira folha, os únicos dois títulos eram MATERIAL e MACROSCÓPICO. Não era ali. Na segunda folha, logo abaixo do título MICROSCÓPICO, a sentença:

Adenocarcinoma acinar invasivo da próstata (CID-10: C61)

Nunca vou saber descrever exatamente o que senti. Era como se não fosse sentimento algum. Não sei por que, sem nunca ter lutado boxe, comparo com o que passa pela cabeça de um boxeador quando ele está caindo, nocauteado. O nada. Ou tudo. Lembro-me de João Guimarães Rosa, em *Grande sertão: veredas*: *Tem diversas invenções de medo, eu sei, o senhor sabe. Pior de todas é essa: que tonteia primeiro, depois esvazia. Medo que já principia com um grande cansaço.*

Li o resto do resultado sem reter mais nenhuma palavra. Só a palavra CARCINOMA batia e rebatia. Eu sabia o que era aquilo. Ou não sabia? De repente, quem sabe não era tão sério!?

Se eu já tinha visto o que significava carcinoma, não tinha idéia do que fosse "adeno", nem "acinar". "Invasivo" era mais fácil. E não era bom.

Foi nesse estado de confusão mental que pensei em sair dali. Como se o lugar estivesse contaminado. Fui dirigindo por 30 quilômetros até minha casa no bairro Pasárgada, no distrito de São Sebastião de Águas Claras, na vizinha Nova Lima. Era lá que eu passava a maior parte dos meus dias, como tinha decidido a partir do meu retorno de Brasília. Era lá que pretendia escrever ficção e cuidar de minhas pesquisas jornalísticas. Era lá que eu queria viver. Foi para lá que eu corri com minha sentença jogada sobre o banco do passageiro.

Morte, morte, morte

"Câncer? Você ouve essa palavra é como se fosse uma sentença de morte."

"Quando ouve a palavra câncer, a gente fica amolado, chateado, sabe que é uma doença que a gente vai durar pouco."

"Câncer? É uma doença terrível que eu não gostaria de ter e não gostaria que ninguém tivesse."

"Morte. Quando você tem um parente ou amigo com câncer, a primeira coisa que você pensa é que ele vai morrer, que não vai curar."

"Medo. Dá um medo danado, porque câncer a pessoa pensa que não vai curar e que vai morrer."

"Eu tenho medo, porque desde que me entendo por gente ouço falar que o câncer mata."

"A gente quando sabe que fulano está com câncer, já vem aquela sensação de perda."

"Tristeza. Porque a família todinha sofre."

"Eu não desejo câncer pra ninguém. Câncer é muito triste."

“Perdi minha madrinha, perdi minha filha, perdi meu avô com câncer, perdi um tio na semana passada com câncer.”

“Só imaginar a palavra câncer já machuca muito qualquer ser humano. É uma doença dolorosa, que vai acabando aos poucos com o ser humano.”

“Eu acho que quando fala câncer, eu sinto saudade, sinto medo não de morrer, medo de minha menina de 14 anos eu não ver crescer, de não ver meu filho crescer, medo da minha mãe, que eu não gostaria que me visse dessa forma. Ela só tem a mim. Não é medo, é aquela dor da ausência. Alguém vai ficar ausente e esse alguém pode ser eu ou você.”

Morte, morte, morte. Essa é a palavra que mais surge quando os grupos são confrontados com a palavra câncer. A provocação é direta: “Quando vocês ouvem a palavra câncer, o que vem imediatamente à cabeça?” Morte, morte, morte, surge em meio às manifestações de temor quanto à doença, tanto entre os homens quanto entre as mulheres, mas o medo é, sem dúvida, muito maior entre os mais pobres.

“Isso é cultural. Você fala câncer para a pessoa e ela realmente entra em pânico”, concorda o urologista Jurandir Costa, com base em sua experiência de 35 anos como cirurgião.

“Câncer é mais do que doença. Supera a idéia de doença. Doença a gente tem idéia de cura, e câncer, dependendo do estágio, é sentença de morte”, complementa Antenor. Mas Davi pega ainda mais pesado: “Cuspo três vezes, esconjurando.”

Como regra geral, as pessoas racionalmente demonstram, nos grupos de pesquisa, saber que o câncer, quando diagnosticado precocemente, pode ser enfrentado. Mas sabem também como é difícil ter um diagnóstico precoce, sobretudo nas camadas menos favorecidas. Nelas, o câncer tende a ser, realmente, sinônimo de morte.

"O estigma do câncer para essas pessoas não é uma questão simbólica apenas, é uma questão objetiva. Elas vêem as pessoas morrerem, morrem mesmo. As pessoas que têm câncer nas camadas inferiores da população morrem porque diagnosticam tardiamente, porque entram com o tratamento tardiamente, porque têm perspectivas de tratamento restritas", reflete a assistente social e socióloga Márcia Marília Vargas Froes Skaba, chefe do Serviço Social do Instituto Nacional do Câncer (Inca). Ela insiste que o estigma do câncer, pelas circunstâncias que o cercam no Brasil, não é uma "entidade mágica, ideológica" e resume: "Entender esse estigma no adoecimento do câncer é entender a sociedade brasileira."

A assistente social argumenta que, com todo o avanço da medicina, os índices de mortalidade por câncer no Brasil mantêm-se estáveis. "Chamo isso de um grande paradoxo. Não passa um domingo sem vermos no *Fantástico* uma droga nova de controle do câncer e, quando você vai ver as taxas de mortalidade, de incidência, elas são muito próximas. Todo esse aparato da ciência oncológica não está conseguindo reverter isso", explica Márcia Skaba, que estudou o tema em tese de doutorado defendida na Fundação Oswaldo Cruz (Fiocruz), em dezembro de 2003, sob o título *Compreendendo a trajetória de mulheres em busca do diagnóstico do câncer de mama em uma perspectiva socioantropológica*.

Jurandir Costa, que lida especificamente com o câncer de próstata, concorda: "O trágico do avanço científico na área de câncer de próstata é que, apesar desses avanços todos, a mortalidade não diminuiu. Acho que tem ainda uma proporção muito grande de pacientes que não vão fazer seu diagnóstico precoce."

Essa constatação dos especialistas é especialmente importante quando observamos que, segundo o IBGE, as "neoplasias malignas" disputam com as "causas externas" o segundo lugar entre as causas de morte dos brasileiros. Em primeiro lugar estão as doenças do coração. Especificamente quanto ao câncer de próstata, segundo cálculos do urologista Miguel Srougi, no livro *Próstata, isso é com você*, 167 mil brasileiros seriam atingidos pelo mal em 2003 e 22 mil morreriam em conseqüência dele.

Mas o cirurgião Jurandir comemora as mudanças que aconteceram no processo do diagnóstico desde que ele começou a exercer a medicina. "A minha principal história é a história da evolução do diagnóstico precoce. A doença que a gente diagnosticava quando eu me formei, na década de 1960, era com o doente terminal. Agora, diagnosticamos o paciente com doença localizada e nós podemos curá-lo."

Só que nas classes mais desfavorecidas, observa ele, o diagnóstico precoce não é feito porque o paciente não é examinado. "O paciente tem dificuldade para chegar ao urologista, e o que acontece? O câncer, nesse nível de pessoas desfavorecidas, vai ser diagnosticado muito avançado e já num estado lastimável, de retenção urinária, de comprometimento da bexiga, de insuficiência renal por obstrução dos ureteres e o caso extremo de metástase óssea e uma dor que é terrível."

De seu lado, os cidadãos, com todas as dificuldades de acesso, concordam que houve avanços na área do diagnóstico:

"Hoje tem mais recursos para diagnosticar que não tinha antes."

"O câncer é igual antes. Simplesmente a gente tinha menos conhecimento, era menos falado, às vezes, as pessoas morriam e a gente nem ficava sabendo o que era."

"Antigamente, não tinha muito recurso. Hoje, a gente sente alguma coisa, corre no médico."

"O que mudou foi o conhecimento. Antes, as pessoas não conheciam."

"Nos tempos bem lá pra trás, igual meu pai sempre falou, ninguém sabia o que era isso."

"O câncer de pele é uma doença que muita gente deve ter morrido com ela sem saber. Hoje, todo mundo conhece, porque a televisão fala toda hora."

"Daria para descobrir antes se a saúde fosse prioridade no país."

Mas eles tendem a pensar, também, que o câncer virou uma doença mais comum.

"O câncer hoje é uma doença comum, todo mundo tem."

"Câncer de mama está mais comum que uma gripe."

"Tá tendo muito aumento de câncer."

"Câncer, de uma forma geral, tem crescido muito e das mais diversas formas."

Jurandir Costa explica: "A doença está cada vez mais presente, mais comum na sociedade, não é porque ela piorou, é porque o diagnóstico melhorou."

Se o câncer está tão comum, será que tem um pior do que o outro? Cada um se sente mais assustado diante de um tipo.

"Para mim, o pior é o de mama. Além de ter o tumor, ele ainda põe a gente defeituosa. Todo dia, toda hora que eu for me olhar, que for vestir a roupa, vou ver que estou sem uma parte minha", opina Delma.

"O pior é o da medula. Todo filme que a gente vê terrível de câncer na televisão, ele está localizado na medula", diz Dagmar.

"O pior é quando o câncer se torna generalizado", afirma Amália.

"É o ginecológico, que a gente é obrigada a prevenir, e o de próstata, que o homem deveria prevenir e nunca previne", pensa Araci.

"Pior, para mim, são os que atingem os órgãos internos", argumenta Cirilo.

"A partir da hora que o paciente está com câncer no intestino, dificulta a alimentação, as dores são maiores, o sofrimento vai aumentar", interfere Dalmo.

É Davi quem entra na discussão fazendo um resumo: "Desde quando tem o nome de câncer, tudo é o mesmo. Tudo é ruim." Mais adiante, eles evoluem até concluir que pior mesmo é aquele câncer que está perto de cada um.

“ENTÃO, VAMOS OPERAR?”

Meia hora depois de conhecer o resultado da biópsia, na Pasárgada, primeiro, o dicionário:

Carcinoma: Tumor maligno constituído por células epiteliais, com tendência a invadir as estruturas próximas e a produzir metástase.

Era o que eu bem sabia e estava tudo ali. Tumor, maligno, invadir, metástase. Continuava não sabendo o que eram adeno e acinar. Não precisava. E nem adiantava tergiversar.

Eu tinha câncer, com todas as letras e acento circunflexo no A.

Li o resto do resultado anatomopatológico microscópico:

Localização e extensão da lesão: base direita = menor que 5%; terço médio direito = menor que 5%; ápice direito = 50%; base esquerda = 20%.

Grau de Gleason provisório em biópsias: 6 (3 + 3).

Infiltração perineural: ausente.

NIP de alto grau: presente.

Áreas não comprometidas: terço médio esquerdo; ápice esquerdo.

O exame (ou a sentença) era assinado pelo Dr. Juberto J. Chaves, que provavelmente eu jamais conheceria.

Então, eram quatro as áreas "comprometidas"? Só duas eram "não comprometidas".

Liguei para o consultório do Dr. Mauro Campolina, precisava ir lá. Não havia horário disponível. Informei à secretária que tinha acabado de pegar o resultado de uma biópsia e que ele era positivo. Ela entendeu e disse para eu ir depois das 17 horas. Durante o tempo de que dispus, naveguei pela internet lendo sobre "câncer de próstata".

Por volta das 16h30min, eu estava a caminho do consultório, e meu filho Malco ligou.

— E aí? — perguntou.

— Tomei no cu — respondi. Ele ficou mudo. Trocamos poucas palavras. O que dizer?

Quando subia as escadas para chegar ao consultório, Suzana ligou. Atendi constrangido, porque quem estivesse na sala de espera poderia ouvir o que eu dissesse. Não poderia ser tão enfático como na resposta ao Malco.

— Pegou o exame?

— Peguei. Me ferrei — disse, em voz baixa. Ela também não soube o que dizer. Não esperava resultado positivo.

Na sala de espera, encontrei conterrâneos, gente de Esmeraldas (MG), onde nasci. Foram gentis, puxaram conversa. Eu não tinha assunto.

No consultório, Mauro Campolina abriu o exame e ficou alguns instantes calado. Uma eternidade. Depois, disse, cuidadoso:

— Deu um probleminha.

Por incrível que possa parecer, eu ri, na hora, da forma singela como ele falou de meu câncer. Eu tinha um "probleminha". Pensei nas estatísticas. Eram 70% as chances de não dar nada. E deu. Eu caíra na malha fina. Quase a exceção que confirma a regra.

Mesmo sendo um atendimento extemporâneo, de última hora, e com uma sala de espera cheia, Mauro Campolina teve paciência para me dar muitas explicações. Não sei que percentagem delas eu retive. Mas, alguns temas permaneceram na minha cabeça e eu sabia que dela eles não sairiam por muito tempo. Um era a indicação segura e firme de que o caso era cirúrgico.

— Você vai ficar curado — afirmou o cirurgião, que falou também das probabilidades de incontinência e impotência. De novo as estatísticas. Eram favoráveis, mas eu já sabia que não deveria confiar e muito menos me apegar a elas. Elas podiam ser valiosas para os médicos. Para mim, o que valia era a sentença impressa no papel do laboratório. Se a estatística falasse de um caso em 100 e esse caso fosse o meu, ela não teria a menor importância.

No final da consulta, o Dr. Mauro perguntou:

— Então, vamos operar?

Era tudo muito rápido. Eu estava assustado e pensava em ganhar tempo. Semanas, meses? Mesmo assim, ficou o indicativo de 9 de março para a cirurgia, menos de 30 dias depois do diagnóstico. O médico tinha me explicado que eram duas as principais razões para resolver logo. Primeiro, o risco, ainda que remoto, de o câncer "vazar" e provocar a tal metástase. Segundo, o estresse. Na avaliação dele, quanto mais demorasse, mais o paciente ficaria estressado. E chegaria um "caco" para a cirurgia. Poucos dias bastaram para que eu soubesse como ele tinha razão. O câncer "habitou" minha cabeça.

Vero do Bar

Num papel amarelo está escrito à mão, em letras vermelhas: "Aqui trabalha eu e minha família para servir a sua." O cartaz singelo está afixado na parede do pequeno e modesto bar na rua Coletivo, na Vila Cemig, periferia de Belo Horizonte. Na parede externa, a indicação: Bar do Vero.

Vero tem 62 anos, é o proprietário do bar e foi quem mandou escrever o cartaz, porque tem dificuldade com as letras. "Se leio e escrevo? Mais ou menos. Saber mesmo, não sei, não", revela ele, que assina Alvarino Sebastião Almeida. Não por acaso, é conhecido na Vila como Vero do Bar. Antes de abrir o comércio, quando era mais jovem, trabalhou como ajudante de pedreiro na construção civil.

No segundo semestre de 2003, Vero decidiu procurar o Centro de Saúde da Vila Cemig. "Pra falar a verdade, não estava sentindo nada. Falaram que depois de certa idade tem que fazer o exame de próstata", lembra ele. O médico do posto pediu o exame de PSA e ele guarda na pasta de plástico que comprou para carregar os exames o resultado datado de 5 de setembro de 2003: PSA Total = 11,4 ng/ml.

Tudo corria bem. Vero conseguiu consultar com um urologista no Hospital da Baleia e, em 17 de novembro, fez ultra-sonografia transretal com biópsia. "Primeiro fiz o exame do dedo. Depois marcaram esse. Parece que tá dando uns tirinhos. É tipo um grampeador", explica. O médico tinha informado para ele que era preciso fazer a biópsia para saber se ele seria operado ou não. Ele não tinha dúvidas: "Se o médico mandar, tem que operar." Para fazer o "exame do dedo", Vero tinha vencido o próprio preconceito. "A gente fica sem graça, mas fazer o quê? Tem gente que não faz. Eu pensei muito e falei: isso é bobagem."

Vero passou com louvor pelas duas primeiras barreiras: a falta de informação e o medo de fazer o "exame do dedo". No início, passou bem pela barreira do acesso. Fez PSA, esteve com um urologista e fez o ultra-som. A partir daí, incorporou aos documentos de sua pastinha o resultado da biópsia, datada de 1º de dezembro de 2003: "Fragmentos de tecido prostático, notando-se proliferação de microácinos atípicos, localizados na base esquerda, fortemente suspeita de adenocarcinoma."

Desde essa época, Vero do Bar passou a aguardar com ansiedade que o Centro de Saúde conseguisse marcar o retorno ao urologista. "Enquanto a gente não descobre a doença, beleza. Mas, depois que descobre, fica preocupado. E a família fica mais preocupada com a gente." Enfermeiras da rede pública em Belo Horizonte revelam que, "se tudo correr bem", o tempo decorrido entre um diagnóstico e a necessária cirurgia não é menor do que um ano.

Vero afirma que não sabe o significado da palavra adenocarcinoma, mas revela que tem medo de morrer. Ele reluta, reluta, até revelar qual é o medo maior que sente. "Muitos falam que dá câncer na próstata", diz ele, com claras dificuldades em pronunciar o vocábulo câncer. Fala para dentro, acelerado, como se quisesse se livrar do termo. "Não gosto muito de falar essa palavra. Tenho medo até de falar." No fundo, ele tem mais medo do câncer do que da morte, por causa do sofrimento. "Toda doença é ruim, mas tem umas piores. Eu tenho um vizinho que ficava aqui tomando gole e agora nem falar ele fala. É uma doença terrível."

Ele se lembra de outro vizinho: "Tinha um mais novo que eu que morreu sem falar. Ele perdeu a fala." E de mais outro, esse com câncer de próstata: "Teve um senhor que vinha aqui e tomava cachaça com a sonda pendurada." É por isso que Vero fica ansioso para mostrar o resultado da biópsia ao especialista. "Fico doido para levar isso lá para o ver o que o médico fala."

Mostrar o exame ao médico passou a ser a dificuldade maior. Cada vez que precisa consultar ou fazer um exame, Vero fecha o bar, porque para o atendimento no balcão só ele na família tem disponibilidade. Perde o faturamento do dia, mas nem liga. Quer cuidar da saúde. Ele mantém um bom relacionamento com o pessoal do Centro de Saúde que, para ele, não tem culpa de nada. As funcionárias tentam marcar as consultas especializadas e os exames, mas não conseguem.

"A gente não consegue atender os prazos que os médicos estipulam. É questão de meses. Praticamente, a gente está com tudo estrangulado", reconhece a gerente de um Centro de Saúde de Belo Horizonte.

"Cuidado, terráqueos"

Depois da consulta com Mauro Campolina, ficou claro que continuava ativo o recurso que sempre utilizei de "traduzir" o significado de tudo do meu jeito. As explicações técnicas que me eram dadas, eu transformava logo para a linguagem de leigo, de uma forma que pudesse entender. Câncer "vazar" era só uma delas. Vazar era explodir, uma espécie de *big bang* da destruição.

"Grau de Gleason", entendi como sendo a malignidade do câncer, a capacidade que as células degeneradas tinham adquirido para serem "invasivas". No meu caso, o Gleason 6 (ou 3 + 3) estava no limite do razoável. Menos que isso, era câncer "manso"; mais do que isso, significava chance real de metástase, por se tratar de uma doença com muito mais capacidade de invasão.

"NIP de alto grau" eram células em processo de transformação, em mutação. De novo minha cabeça pregava-me peças: histórias em quadrinhos que lia na infância, na pequena Esmeraldas, muitas vezes de forma clandestina, falavam de mutantes. Eram humanos ou extraterrenos que se transformavam em monstros. Passava longas horas, por exemplo, debaixo do balcão de um bar de propriedade da família de um colega da escola primária, lendo revistas da enorme pilha que eles possuíam. Enquanto os clientes bebiam e conversavam apoiados no balcão, eu lia vorazmente lá embaixo.

Uma cena gravada na memória mostra um almoço da minha família, com pai, mãe e irmãos à mesa. Eu entro na sala de um salto que me pareceu espetacular e grito: "Cuidado, terráqueos." Naquele momento, eu incorporava um mutante. Lembro-me até hoje da cara de espanto de todos. "Que é isso, menino? Ficou doido?"

Agora, eu tinha na próstata NIPs, ou células mutantes, em processo de transformação para serem monstros. As células tinham ficado doidas. Ou não é essa a explicação mais singela para o processo de um câncer?

Outra coisa decidida rapidamente é que não queria perder o senso de humor que, felizmente, me acompanhava vida afora. Decidi que o câncer não abalaria minha ânsia de viver e que continuaria buscando a leveza como ingrediente indispensável à existência. Tinha aprendido isso anos antes com o publicitário Élzio Costa, um amigo 27 anos mais velho do que eu e uma das pessoas mais cheias de vida que conheci.

Tomei também a decisão de que não lidaria com a doença como meu irmão fizera. Ele morreu sem que jamais pudéssemos conversar com ele sobre o assunto. Todos os 13 irmãos, mais cunhados e demais familiares, sabiam do diagnóstico. Todos conversavam sobre a doença do irmão, especulavam, faziam perguntas, sofriam e rezavam por ele. Mas agiam como se não soubessem e até como se o próprio Washington não soubesse. Eu não queria assim. Era um fato da vida e como tal deveria ser encarado. Quando cheguei em casa, avisei a Suzana, Isadora e Malco:

— Não vou fazer dessa doença um cavalo de batalha, nem um segredo de Estado. Vou lidar com ela com a naturalidade possível. Só quero que seja eu mesmo a falar com as pessoas para evitar conversas de corredor e pé de ouvido.

Na primeira noite, sonhei muito com Washington. Nada de mais no sonho. Uma casa, uma família, uma vida normal. Só que, não tenho certeza, era uma casa sem telhado. Na manhã seguinte, liguei para meu irmão Marcelo, minha irmã Ivete e para Nícia, a viúva do meu irmão, para contar. Não encontrei Ivete, mas acabamos, por coincidência, estacionando lado a lado na chegada ao campus da universidade. Quando ela ouviu a notícia e me abraçou, chorei a primeira vez por causa do câncer que tinha todas as letras e acento circunflexo no A.

Quando, num outro dia, liguei para minha irmã Arlete (que tivera câncer de mama 12 anos antes e estava curada), ela deu força e recomendou, serena:

— Segue o exemplo de sua irmã.

"AQUELA DOENÇA RUIM"

"Hoje eu falo câncer, câncer, câncer."

É com firmeza que Camila, com os cabelos bem curtos, refere-se, diante do grupo, à doença que ela teve e levou-a a sessões de quimioterapia. Ela não quer mais saber de falar que tinha "aquela coisa", ou que estava com "aquela doença". É câncer, câncer. Mas Camila sabe que é uma exceção. Ninguém gosta dessa palavra.

A postura dela é oposta à de uma mulher que, na véspera de morrer, depois de todo o sofrimento por causa de um câncer de mama, incluindo as penosas sessões de quimioterapia, comentou com uma ex-patroa, durante uma visita no hospital. "Estou com medo desse negócio meu ser aquilo."

Dagmar diz que não usa a palavra câncer porque é uma doença "que choca muito". Delma acha que não fala o nome "de bobeira mesmo". Antenor não pronuncia por causa do "peso" da palavra. "Tem sentido de morte", diz ele. Mas as duas mulheres se cobram uma outra postura, pensando que o câncer é um inimigo mortal que precisa ser encarado de frente.

As expressões de que as pessoas lançam mão para evitar a palavra são as mais variadas: "aquela doença muito triste", "doença maligna", "doença oncológica", "coisa ruim", "CA", "a peste", "tumor". Em Minas, acrescente-se "o trem".

As razões apontadas para não pronunciar o vocábulo são as mais variadas. "É uma doença tão ruim que a gente tinha aquele conceito que atraía para a gente. Falava câncer, a mãe da gente xingava", conta Cátia. "Acho que é pavor da doença. Conheço gente que não fala o nome de jeito nenhum", emenda Amália.

Márcia Skaba observa que muita gente entra no Instituto Nacional do Câncer, trata no Hospital do Câncer e não pronuncia a palavra câncer. A assistente social Rosilene Pires, coordenadora de internação hospitalar do HC-4, unidade de cuidados paliativos do Inca, para onde são encaminhados os pacientes que não estão mais em tratamento, observa que o estigma pesa na hora de pronunciar ou não a palavra. Os pacientes tendem a falar "fulano tá no Inca", mas não fala que Inca é o Instituto Nacional do Câncer. Diz: "Ele tá lá na Cruz Vermelha", que é o nome da praça onde está situado o Hospital do Câncer, no Rio de Janeiro.

A psicóloga Maria Cristina de Menezes Maia, do Serviço de Psicologia do Inca, lida com doentes de câncer há 30 anos e mostra como contornar a dificuldade dos pacientes em pronunciar o nome da doença. Quando o paciente fala "eu tenho aquele negócio, aquela doença", ela questiona. "Que negócio é esse, não entendi nada." Até que ele consegue lidar com o nome. "A gente trabalha exatamente que, quanto mais fala, mais desmitifica", explica ela.

Quem foi vítima de câncer dá de cara com a dificuldade que as pessoas têm em falar o nome da doença. É o caso de Amado, que participou dos grupos de discussão depois de ter extirpado um tumor no rim. "Eu percebia em todas as pessoas uma resistência muito grande em falar da minha doença. Não queriam falar que eu tinha câncer. Era 'o seu problema', 'a sua situação', 'o que te aconteceu'. Por isso eu perdi o medo de falar. Eu percebia que o mesmo medo que eu tinha até de pronunciar a palavra, todas as outras pessoas, de modo geral, também tinham. Não é desrespeito ou coisa assim, é medo mesmo. Hoje, eu falo. Tem gente que fala assim: 'Você não devia falar pros outros que você teve isso.' Mas eu tive."

Até profissionais que convivem com doentes de câncer evitam a palavra. Na rede pública de Belo Horizonte, enfermeiras contam que usam, entre elas, a expressão CA. E justificam dizendo que fazem isto para que a palavra câncer não "soe" para o paciente que estiver por perto. "A gente fala CA entre nós porque o paciente não sabe o que é", diz a enfermeira Marli Ferreira Amorim.

Doença no papel

Contei para alguns colegas de trabalho que eu tinha câncer. Um deles, que na juventude tinha extirpado tumores, sugeriu que eu consultasse um oncologista. E me indicou o dele, Roberto Carlos Duarte. Gostei da idéia.

Nesse primeiro dia seguinte do resto de minha vida, falei do meu câncer com todas as letras. Observei depressa que as pessoas reagiam de maneiras muito diferentes, cada uma como conseguia. No final daquela manhã, fui cumprir um compromisso agendado. Era uma palestra sobre meu livro *As sete portas da comunicação pública* para profissionais de comunicação do Conselho Regional de Engenharia e Arquitetura (Crea-MG). Temi que meus pensamentos embaralhados prejudicassem minha fala e decidi, quando já tinha começado a palestra, dizer para os 20 ou 30 presentes que estava conversando com eles sob o impacto de um diagnóstico de câncer. Não foi bom. Incomodei as pessoas, que se mexeram desconfortáveis nas poltronas.

À noite, outro compromisso previamente marcado: uma conversa com alunos de 5º período de Relações Públicas da

PUC Minas, também sobre comunicação pública. Claro que não "comuniquei" àqueles desconhecidos que estava com câncer. Ao contrário, durante as quase duas horas de conversa, pude pensar em outra coisa que não fosse um inimigo silencioso, poderoso e cruel que eu carregava nas entranhas, como um vulcão prestes a entrar em erupção.

O oncologista Roberto Carlos Duarte me atendeu na tarde da terça-feira. Era um olhar diferente do urologista. Procurou gânglios, examinou o abdômen, fez perguntas mais amplas. Entendi que ele via todo o organismo, o processo de um câncer, e não apenas uma próstata doente. Discordou da marcação da cirurgia sem fazer o que eles chamam de "estadiamento" da doença. Nos meus termos, uma investigação para saber se o tumor estava contido na próstata ou se já tinha saído. Se tivesse, a cirurgia não seria a indicação correta. Aí, viriam aquelas coisas como radioterapia ou hormonoterapia, sei lá. Do meu jeito, entendia que a não-indicação da cirurgia poderia significar que Inês era morta. Paliativos.

O oncologista pediu exames: cintilografia óssea de corpo inteiro, tomografia de abdômen e pelve e raios X do tórax. Argumentou que não havia pressa para operar, que a evolução do câncer era lenta.

Como o Dr. Mauro, ele me falou da braquiterapia, recurso moderno que consistia na colocação de cápsulas radioativas dentro da próstata para "atacar" e "matar" as células doentes. Método existente há 10 anos no mundo e há 5 no Brasil, era ainda controverso. O Dr. Roberto Carlos passou mais simpatia por essa possibilidade de tratamento do que todos os urologistas com quem conversei. Eles diziam que o método não era suficientemente testado, não tinha história, não tinha a observação no tempo suficiente para ser julgado. O grande argumento favorável era a possibilidade de menos efeitos colaterais, como impotência sexual.

Uma recomendação do Dr. Roberto Carlos eu segui à risca. Ele disse, enfático: "Converse exaustivamente com seu médico sobre a cirurgia." Foi o que passei a fazer: conversar exaustivamente sobre a cirurgia. Ao longo desse processo, encontrei gente que tinha passado por tudo aquilo, que tinha feito a cirurgia para retirada da próstata, e que sabia pouco, muito pouco, sobre o que tinha acontecido. Cheguei a surpreender-me com a falta de informação ou, pior ainda, com relações fantasiosas de causa e feito, como não ligar a retirada de parte dos testículos (que, na prática, corresponde a uma castração para diminuir a produção de testosterona) à recidiva da doença.

Dois dias depois da consulta com o Dr. Roberto Carlos, meu amigo e vizinho Márcio Lima, cirurgião, ligou para tratar de um assunto corriqueiro e informei a ele sobre o diagnóstico. Na mesma hora, ele se dispôs a ir até minha casa. Generoso e fraterno, enquanto tomamos algumas latas de cerveja, conversou longamente comigo sobre todo o processo do câncer, da cirurgia, da próstata.

Ele falou na conveniência de um acompanhamento psicológico, opinião depois compartilhada por Suzana, que é psicanalista. Para ela, talvez, fosse interessante eu começar a terapia antes mesmo da cirurgia. Considerei a hipótese, mas decidi adiar a decisão e condicioná-la a uma eventual demanda minha.

Comecei a observar que vinha do outro a dimensão da gravidade do câncer. Como não tinha sintomas, não sentia nada, era como se minha doença estivesse apenas naquele laudo da biópsia. Era uma doença no papel, uma espécie de condenação por escrito. Como se o câncer estivesse naquele papel, em letras impressas, e não no meu corpo. Márcio foi quem observou como, nesses casos, a ficha demora a cair. Lembrou as "fases" do doente de câncer, de que eu já tinha ouvido falar. Negação, revolta, busca de solução mágica, depressão.

Nesse dia, eu já tinha começado a releitura do livro *O mal secreto*, do jornalista Zuenir Ventura, sobre a inveja. Zuenir escreveu a obra sob o impacto de um diagnóstico de câncer na bexiga. Eu tinha lido o livro no ano do lançamento (1998), evidentemente, com outro olhar. Procurei e não encontrei meu exemplar. Comprei outro e comecei a ler avidamente. "Eu estava mais desnorteado do que deprimido", escreveu Zuenir. E é bem isso. Saquei que a idéia, a percepção, entra na gente aos poucos, numa evolução lenta como a do próprio câncer. É destilado.

"A REGRA GERAL É NÃO SABER MUITO"

O oncologista Fábio Afonso Peixoto, do Instituto Nacional do Câncer, diz que a regra geral entre os pacientes é não saber muito sobre a doença. O nível de conhecimento, segundo ele, "varia do médio a nada". É comum, diz ele, um paciente chegar para o médico e dizer: "Doutor, eu sei que tenho isso, faça o que o senhor quiser." E ele não aceita. "Eu digo: 'A responsabilidade não é minha, é nossa. Eu tenho que dividir isso com você. É a sua vida. Eu não sei o que você quer da sua vida. Como é que eu vou decidir o que você vai fazer?'"

O cirurgião Jurandir Costa também constata essa tendência em seu consultório: "O mais comum é o paciente querer saber pouco. Eu acho que é medo. Eu costumo falar: 'Grau de Gleason.' O paciente diz: 'Ah, doutor, eu não sei o que é isso.' Eu falo: 'A célula é assim, uma é redonda, outra mais ovalada, outra mais fusiforme, e vão sendo diferenciadas. Cada vez que ela é mais diferenciada, mais grave é o seu tumor.' Mas ele não gosta de ouvir isso, não."

Aí, diz Jurandir, entra a sensibilidade do profissional. "Do ponto de vista de evolução da doença, de prognóstico, você tem que falar o que o doente quer saber. Não precisa ficar falando muito, que muitas você vai maltratá-lo e ele não tem estrutura para receber." Mesmo assim, o cirurgião diz que a regra é não mentir para o paciente. "A mentira não vai levar a nada. Mas tem casos selecionados que o seu cliente não tem estrutura para ter um diagnóstico de câncer. Então, você fala que ele tem um tumor, que nós vamos ver como vai ficar, vamos operar. Tem muitos pacientes que fogem do diagnóstico."

Outro cirurgião, Aristóteles Wisnescky, no Inca há 20 anos, e que atende também em consultório particular, diz que, de modo geral, revela a verdade. "Pode não falar que você está com câncer, geralmente eu não falo isso. Digo que você está com uma doença maligna, que o resultado não foi bom. Gradativamente, você vai falando. Mas falando também da expectativa de tratamento. Se é um câncer de próstata, você vai ficar curado. Tem uma expectativa de cura de 80%, 90%. Um tumor de bexiga, explica que eventualmente o tumor não volta mais; se voltar, tem tratamento."

O oncologista Fábio Peixoto prefere usar a palavra câncer na primeira hora. "Uso, faço questão, com todos os meus pacientes, no início da consulta, na primeira." Ele considera que o paciente precisa saber o que tem.

"Eu faço isso por uma questão de respeito ao paciente, porque eu acho que ele tem de ter o diagnóstico, e em respeito a mim, que não posso assumir para o doente. Vamos imaginar que eu tenha 15 pacientes. Um é extremamente

esclarecido. 'Doutor, pode me falar tudo.' Dou um dossiê para ele. O outro diz: 'Doutor, eu não quero nem saber o que eu tenho.' Com um, dois, é possível de ser feito. Mas se você começar a omitir de um, no final das contas, você vai trocar. Para evitar isso, eu falo para todo mundo. Então, o doente entra no consultório e eu sei que ele sabe o que tem."

Também, argumenta o oncologista, o paciente de câncer encontra todas as chances de saber o que tem. "O cara vai no consultório do oncologista, entra no hospital do câncer, 50% de pista ele já tem. Eu só asfalto o caminho direitinho para ele chegar ali de uma maneira tranqüila."

A assistente social Teresa Cristina Souza Oliveira, chefe do Serviço Social do HC-4, onde são feitos apenas cuidados paliativos, diz que não há como o paciente não saber da própria doença. "Ele, às vezes, finge, ele nega, tem um processo de negação." Ela responde assim à pergunta sobre como "rola" a palavra câncer na relação da assistente social com o doente.

"Isso é uma coisa complexa. A gente não nega, fala: 'Olha, você tem um câncer.' Às vezes, o paciente fala: 'Eu sei que tenho um câncer, sei que estou em fase avançada da doença.' Esses colocam a gente numa situação mais confortável, colocam na mesa. E tem aqueles que dizem outra palavra. Eu falo: 'O senhor tem um diagnóstico de câncer.' A gente quase não fala assim, mas em algum momento é preciso falar, quando vai informar os direitos e tal. Aí, ele fala para você: 'Eu tenho um tumor.' E a gente tem que respeitar e não volta a falar de câncer. Falo tumor, porque esse foi o termo que ele assumiu. Se em algum momento ele me der uma brecha para retomar isso, se isso for interessante, se for significativo, se isso for trazer algum benefício do ponto de vista da qualidade de vida dele, tudo bem. Se não, a gente não fala."

É preciso cuidado. O paciente sempre vai saber, mas não necessariamente tudo de uma vez. "A gente nota quando o paciente não quer utilizar a palavra. Diz 'a doença'. Por que não vou respeitar? Tem que respeitar. Ele sabe que tem, nós sabemos que ele sabe, mas ele não quer usar a palavra", observa o oncologista Fábio Peixoto

Aristóteles Wisnescky mostra que o paciente "geralmente, não entende tudo na primeira hora". E conta que ele mesmo viveu uma situação assim, quando enfrentou um problema de saúde e não cuidou de verificar o resultado do exame. Preferiu ficar só com a informação do colega que o atendeu. "Algum tempo depois, eu fui ver que aquilo era o mesmo esquema que os pacientes fazem. É uma defesa."

A psicóloga Maria Cristina Maia chama a dificuldade de apreender as informações de "medo de saber". Ela explica que o paciente, muitas vezes, ao estar com o médico, tem seu grau de sentimentos tão aumentado, que sua escuta não está voltada para o que o médico está dizendo. "O médico fala e ele não ouve", observa ela. E isso chega a irritar os profissionais, que se queixam de que falam, falam e o paciente não entende. "Ele não entende e não vai entender mesmo. Pode ficar 24 horas falando e não vai adiantar, porque ele está num outro momento." Durante os atendimentos que faz, muitas vezes, ela percebe que o paciente não tem informações que, provavelmente, o médico passou. O melhor, nesses casos, diz ela, é retornar ao médico para ele explicar novamente.

No livro *Vivendo durante um câncer*, a jornalista francesa Marie-Paule Dousset cita pesquisa da revista *The Pacient's Network* para observar que entre 37% e 54% dos pacientes esquecem o que o médico lhes disse antes do fim da consulta. "Não esqueçamos que para se defender diante dos ataques muito violentos, o cérebro humano tem suas defesas, como a omissão das informações traumatizantes. Ele registra por etapas." Ela chega a aconselhar que o acompanhante do paciente grave anote o conteúdo das consultas. "O doente e os familiares não terão que voltar a falar de assuntos que já estiverem esclarecidos, não deverão fazer perguntas já feitas e poderão avançar mais rapidamente."

A autora transcreve a fala de um familiar de paciente mostrando como torna-se difícil entender o que está acontecendo. "Quando o médico lhe falou de derivação e lhe fez um desenho, ela balançou a cabeça, sem reclamar. Eu percebi que ela não tinha compreendido que teria uma espécie de bolsa exterior. Se ele tivesse desenhado a bolsa, além dos intestinos, ela teria compreendido na hora. Eu lhe pedi para explicar o que ele entendia por derivação."

O cirurgião Aristóteles vale-se de desenhos para explicar. "Como tenho uma certa habilidade para desenhar, para fazer esquemas, geralmente faço algum esquema, algum gráfico, algum desenho." Ele diz que, como lida com um universo muito grande de pessoas, tenta perceber como elas são. "Por exemplo, uma pessoa sem instrução nenhuma, você fala para ela e, às vezes, não tem significado nenhum. Um outro tipo de pessoa, com o mesmo nível de instrução, reage de uma outra maneira. Com as pessoas mais esclarecidas, você tem que ter uma abordagem mais explicativa do que é a doença."

Ele percebe que a pessoa já tem "pistas", mas sempre aparece a dificuldade de assimilação. E usa o câncer de próstata para exemplificar como se dá o processo. "A pessoa já vem preparada, porque tem uma divulgação muito grande da imprensa, começa a fazer exames periódicos da próstata e vai num conhecimento prévio, numa escala gradativa, até chegar ao diagnóstico. Primeiro, ela faz o PSA, está alterado, faz o toque na próstata, está alterado. 'Ah, você vai ter que fazer uma biópsia, pode ser que seja maligno, pode ser que não seja.' O paciente vai escutando alguma coisa e já codificando na cabeça dele uma notícia futura, que pode ser boa ou pode ser má. Mesmo assim, de modo geral, as pessoas têm certa defesa. Mesmo que você fale que ela está com câncer, com uma doença maligna, algumas fazem o bloqueio e não captam."

Segundo Marie-Paule, "o mínimo que se pode dizer é que esta informação não é fácil de se assimilar. Certas pessoas, doentes ou familiares, simplesmente não escutam ou não se lembram do momento em que a doença lhes foi anunciada".

No grupo de pesquisa, Amado diz que, em sua experiência com o câncer, encontrou gente que não sabia da própria doença. "Tem médicos que não falam. Tem pessoas que morrem com a doença sem saber que teve, porque todo mundo omitiu isso delas."

No seu caso particular, considerou que o médico foi "sábio" ao falar do resultado dos exames: "Na hora que ele falou, danei a chorar, meu chão acabou. É muito ruim. Aí, ele falou assim: 'Olha, todos nós, na vida, vamos passar por problema muito sério de saúde. Chegou o seu momento. Você está com um tumor renal' — até o último momento ele estava lidando com a possibilidade de não ser no rim, de ele estar na glândula supra-renal e ser extraído junto com a glândula. Mas ele estava alojado no rim. Ele falou: 'Calma, eu vou abrir, vou avaliar, fazer uma biópsia, depois te dou um retorno. Não vai sofrer por antecipação.' Mas eu sofri. Eu senti que ia morrer."

No dia-a-dia, muitas vezes, a tarefa de informar sobre o diagnóstico fica para as enfermeiras, como acontece em centros públicos de saúde em Belo Horizonte. "O médico passou para mim, porque não teve coragem de falar. O médico não quis dar a notícia, eu é que dei", conta a enfermeira Simone Meire, que reconhece como é difícil dar a notícia. "É tão difícil para o paciente quanto para nós." As enfermeiras contam que tentam usar palavras mais amenas, para estimular o tratamento. "Se falar que não tem jeito, a pessoa nem volta mais aqui", afirma Simone.

Em sua tese de doutorado, Márcia Skaba sustenta: "Um outro elemento que sobressai na informação do diagnóstico é o despreparo dos profissionais, sobretudo os médicos que mais efetivam esta informação, para lidarem com os conflitos advindos deste momento. A predisposição em 'terceirizar' esta tarefa é uma recorrência nas entrevistas. O médico que faz o exame não se sente responsável por dar esta informação à paciente, deixando que o médico solicitante o faça. O médico que solicita os exames nem sempre se mostra preparado para dar esta informação."

Jurandir Costa aponta outro problema, ligado a uma deterioração da relação médico-paciente. "Infelizmente, pelo que os planos de saúde pagam — e os médicos estão recebendo valores cada vez menores —, a conversa, a anamnese, entre médico e paciente é cada vez pior. Isso faz com que, muitas vezes, o paciente saia desesperado. O médico tem que atender muita gente para se sustentar. Com um valor de consulta a preço vil, ele tem que atender muito para sobreviver e pagar as contas."

Os profissionais concordam que o paciente que tem mais informação pode ajudar mais no tratamento, além de ser mais gratificante. Fábio Peixoto pensa assim: "Eu gosto do cara da informação. É mais gostosa a consulta, é mais interessante, é mais frutífero. Eu estou te fazendo uma coisa, você sabe o que está recebendo. Estou fazendo porque eu acho que é o certo, o paciente sabe se estou ajudando ou não estou."

"Sabe quem está com câncer?"

Como o câncer, o estigma e o tabu que o acompanham têm gradações. São variados os graus de malignidade do efeito sobre as pessoas. Na minha memória, a primeira vez que o câncer aparece foi ainda na infância, quando as pessoas começaram a dizer que a casca do ipê-roxo curava o mal. Ninguém falava o nome da doença. Era o mal, "o trem ruim", "a coisa", ou, simplesmente, "aquela" doença. Quando alguém morria de câncer, não me lembro de ficar sabendo a causa. Ninguém falava. Troncos de ipê-roxo provavelmente foram mutilados para uma frenética produção de chás ou sei lá o quê mais. Certamente, muita gente passou a usar o "remédio" de forma preventiva, tamanho era o medo.

Uma colega de trabalho a quem contei sobre o diagnóstico ficou tão desnorteada que andou ao meu lado até o estacionamento e cheguei a pensar que ela ia entrar no meu carro. Era como se ela quisesse fazer alguma coisa que estava além de suas forças, me proteger. Doeu nela e a dor dela doeu em mim.

Um irmão de quem eu andava afastado me ligou. Foi um diálogo maluco.

— Soube que você está com um problema.

— É verdade. Estou com câncer.

— Não está.

— Estou sim.

— Não está. Você não pode falar assim. Muita coisa ainda vai acontecer, você vai passar por uma cirurgia, vai ficar bom.

A conversa não rendeu, porque não nos entendemos. Ficou como se ele estivesse dizendo "olha, você não está morrendo". E eu não estava mesmo. Ele terminou dizendo que, se eu quisesse conversar longamente, ele estava à disposição. Queria ser solidário e era sincera a preocupação dele que, no entanto, parecia mais abalado do que eu com a notícia. Era a força do estigma que mobilizava as pessoas de formas tão diferentes. Em resumo: cada um reagia como dava conta. Havia pessoas que, simplesmente, me ligavam de forma carinhosa, dizendo "conte comigo". Aprendi a pedir que elas me mandassem energias boas.

Como toda notícia ruim que se preza, a do meu câncer correu rapidamente. Circulou pela Esplanada dos Ministérios, em Brasília, voltou a Belo Horizonte, passou por pessoas próximas e distantes de mim. Como era de se esperar, eu não tinha nenhum controle sobre a informação. Nos meios em que eu convivia, a impressão é que todo mundo ficava logo sabendo. Alguém me ligava e eu perguntava: "Como você soube?" Quando a pessoa me dizia quem contara para ela, eu ficava ainda mais surpreendido. Já que estamos plenos de

termos médicos, a "capilaridade" que permitia a circulação da informação era impressionante. E isso no caso dos amigos que tinham a naturalidade de ligar diretamente para mim. Porque eu logo percebi que havia uma verdadeira corrente de telefonemas e e-mails comentando sobre o câncer do Maurício Lara.

Muita gente ficava arrasada com a notícia. Várias pessoas comentaram comigo depois sobre o susto com a notícia e sobre o efeito nelas próprias. Uma amiga ligou para minha casa, quando já estava convalescendo. Desconcertada ao ouvir minha voz dizendo alô, ela comentou:

— Eu queria falar com a Suzana, mas já que você atendeu...

Ela queria falar com Suzana antes de falar comigo, para saber como agir em relação a mim. Temia que eu não quisesse falar "daquilo", que era "segredo", que nem era para ela ter ficado sabendo, queria saber se eu aceitava visitas etc. Ou seja, ficou preocupada e sensibilizada, mas não sabia como lidar com a notícia do "câncer do Maurício Lara". Cada um se aproximava de um jeito e, na verdade, foi uma minoria que ligou para mim com abordagens mais diretas como: "Maurício, soube que você vai fazer uma cirurgia", ou "soube que você está com um problema de saúde". Ninguém ligou dizendo a palavra câncer com todas as letras. Soube de muita gente que se manteve informada por intermédio de telefonemas a amigos comuns.

Minha amiga Raquel Novais soube pela chefe dela, que também me conhecia bem e que soubera via uma filha que morava em Brasília. Ela chamou a Raquel e disse: "Senta aí, tenho uma coisa para te contar. Sabe quem está com câncer?" Isso com menos de duas semanas do diagnóstico.

O certo é que a maioria das pessoas ficava cheia de dedos, pisando em ovos com o assunto. Invariavelmente, colocavam um "termômetro" antes de tratar do tema com todas as letras. Invariavelmente, também, era eu quem tomava a iniciativa de mostrar que o assunto não era proibido, nem maldito. Era um fato da vida.

Outra situação que percebi logo: homens na minha faixa etária entravam em parafuso com a notícia. Penso que deve ter aumentado a demanda de conhecidos meus em consultórios de urologistas para realização do PSA e toque retal. Gente que tinha mais de um ano que não fazia os exames e outros que nunca tinham feito, seja por preconceito, seja por falta de cuidado. Algumas mulheres comentaram comigo: "Nossa, o fulano (o marido) nunca foi ao urologista." Se alguns casos chegaram diretamente ao meu conhecimento, imagino a quantidade que ficou entre quatro paredes, entre marido e mulher. "Tá vendo, você não se cuida." Pois é, como bons seres humanos, "antes ele do que eu".

Suponho que a disposição de encarar a doença é comum à maioria dos pacientes. Mas suponho também que a disposição de encarar o assunto não é comum à grande maioria. Tive logo certeza de que a decisão de falar do mal com a naturalidade possível era benéfica para mim. Com minha abertura, quem quisesse encontrava espaço para se aproximar. Isso contribuía para diminuir a solidão natural que envolvia a situação.

"É IGUAL TER FILHA MÃE SOLTEIRA"

O tratamento era de câncer, com sessões de quimioterapia, mas o cidadão agia como se não fosse. Um dia chegou em casa e avisou à mulher:

— Estão me mandando para o lugar errado. Lá só tem gente com câncer.

Outros escondem da família. Márcia Skaba contou de uma mulher que procurou o Inca para saber o que o marido dela fazia na instituição. Ela "desconfiava" que ele estava fazendo algum tratamento. "Eu queria ir aí conversar com vocês, eu peguei o cartão dele escondido, do Hospital do Câncer, e queria ir aí para vocês me dizerem o que ele tem", disse a mulher à assistente social.

Na tese de doutorado, Skaba reproduz a fala de uma paciente que se declarava impressionada com o fato de as pessoas esconderem a doença: "Você escuta casos aqui de mulher que descobriu há três anos, tem quatro anos e deixa avançar e não conta pra família. Às vezes, a gente comenta no carro voltando daqui como ainda acontece isso, de alguém esconder da família. Uma me contou que a irmã aconselhou ela a não vir pro Inca, para ninguém saber que ela estava com essa doença. Ela rompeu com a família, veio e estava fazendo o tratamento."

Nos grupos, o tema aparece.

"Muitas pessoas escondem. É ignorância, acha que pega, procura isolar, fica com medo de ser rejeitado e esconde. Aos poucos, vai se soltando. A pessoa mesma vai se acostumando com aquela doença", raciocina Clarice.

"Quem tem câncer esconde porque vai ser discriminado", opina Cirilo.

Camila, que classifica seu próprio câncer como "horror da minha vida", conta que ficar careca com a quimioterapia chamava a atenção das pessoas e sofria por isso. "Aquilo me afetou demais. Eu fiquei sem sair quatro meses. Só saia de chapéu. Morria de vergonha. Mas, por quê? As pessoas discriminam, as pessoas perguntam, as pessoas rejeitam, olham para você."

Márcia Skaba avalia que o pior da quimioterapia nem é cair o cabelo.

"Acho que o pior de tudo é o desvelamento social de que eu tenho um problema e aquele problema vem para o rosto, vem para a cara. Você entra dentro de um ônibus. Muita gente chega à quimioterapia com um entorno social muito restrito de conhecimento da doença dela. Às vezes, só pessoas muito próximas sabem."

De fato, fica difícil manter segredo quanto à doença quando ela "vem para a cara", como diz Amália: "Você conhece a pessoa quando ela está com câncer. Geralmente está com um lenço e você vê que o lenço não tem volume. Você vê que o rosto tá redondo. As deformidades físicas, as pessoas não chegam perto. Tem gente que acha que pega. Não tem nada a ver. As pessoas não estão esclarecidas. Câncer não é contagioso."

Para Carlos, quem esconde é porque já está vendo o final. Mas Amália considera que as famílias tendem a esconder que um ente está doente. "É igual ter uma filha mãe solteira. A família quer reunir e mandar ela lá para o interior, na casa da tia. Tem família que realmente esconde porque nunca passou por aquilo."

O raciocínio de Araci vai pelo mesmo caminho. "Tem famílias que não aceitam nem que as pessoas visitem o doente. São pessoas sistemáticas."

Aurélio contou de uma parente próxima que não admitia que as pessoas soubessem de seu câncer. "Ela falava assim: 'Eu não quero ninguém olhando para mim como se eu estivesse doente.'"

Mas, a postura de Amado, que contou ao grupo, com todas as letras, a história de seu câncer, agradou. E foi ele quem provocou os colegas de mesa para saber a opinião deles sobre sua iniciativa.

— Eu queria perguntar uma coisa. Na hora que eu falei aqui que tive câncer, o que passou na cabeça de vocês?

— Eu achei que você é um vencedor, que você superou a doença — disse Aurélio.

— Foi isso mesmo. Você está de parabéns, falou do assunto de uma forma corajosa. A gente vê que você lidou com a coisa da forma que deve ser — concordou Antenor.

Mas é claro que nem todo mundo lida com "a coisa" da forma que deve ser. As reações são individuais, mas, paradoxalmente, acabam seguindo um script no qual se encaixa a maioria dos pacientes. Em *Vivendo durante um câncer*, Marie-Paule Dousset mostra que o anúncio do diagnóstico pode levar tanto o doente quanto seus familiares a diferentes reações. "Não são atitudes estranhas, mas etapas, nem sempre sistemáticas, de maior ou menor duração segundo os diferentes indivíduos, que devemos compreender e aceitar enquanto tais. Essas etapas, enumeradas pelos psicólogos, são como salas de descompressão que o ser humano pode interpor entre ele e uma realidade muito difícil de assimilar de uma só vez. No final das contas, isto vai lhe permitir enfrentar no seu próprio ritmo uma situação que não foi nem escolhida, nem desejada."

Ela desenvolve assim o que chama de "calendário emocional":

— o choque;
— o medo;
— a negação, a incredulidade;
— a cólera;
— o erro, a culpa;
— o isolamento, o recolhimento em si mesmo;
— a transação, a adaptação;
— a depressão;
— a integração ou o enfrentamento.

"ISSO TE MATA"

É certo que as pessoas queriam fazer alguma coisa para me ajudar. Uma dessas coisas era apontar alternativas que eu não estava procurando. Uma cunhada ligou carinhosamente passando o endereço de um Centro onde, se fosse "escolhido", eu poderia passar por uma cirurgia espiritual. Ela atestava que se tratava de coisa séria, do bem, e que eu poderia confiar. Não tinha dúvidas de que era coisa séria, do bem, mas fazer uma cirurgia espiritual era hipótese que sequer tinha passado por minha cabeça. Não reagi bem à sugestão e fiquei pensando que eu ainda não chegara à fase do pai-de-santo, à fase mística, da busca por uma cura mágica. Não sabia se aquele meu jeito de reagir era bom ou ruim. Por ora, estava nas mãos dos médicos.

E foi nas andanças por consultórios que conheci expressões como "crença médica". Para mim, nada mais era do que a corrente que o médico adotava quanto aos procedimentos em relação a uma doença. Quanto mais isso se explicitava, mais eu via que os médicos poderiam, certamente, me ajudar muito, mas estavam longe de terem superpoderes. Era uma situação acima de qualquer tipo de onipotência. Ninguém podia me garantir nada e, nisso, eram unânimes.

Marquei consulta com um urologista que me foi muito bem recomendado, para ouvir a tal "segunda opinião". A consulta era na cidade de Contagem, onde ele atendia nas manhãs de sábado e onde tinha horário disponível. Era sábado de Carnaval. Suzana me acompanhou na consulta, mas o médico não foi. Uma gentil secretária informou que ele tinha ido ao enterro de um parente e deixou um colega atendendo os pacientes. Como já estava lá, mantive a consulta. O médico, muito jovem, foi solícito e respondeu com paciência às minhas perguntas.

Nessa consulta surgiu uma questão que se tornou importante em minhas reflexões: pelos exames e pelo meu relato quanto à normalidade do toque retal, o médico disse que, *a priori*, parecia perfeitamente possível preservar a totalidade da enervação que passa junto à próstata e que tem tudo a ver com a função sexual. O Dr. Mauro tinha me avisado que não preservaria os nervos de um dos lados, em função da localização do tumor, conforme o resultado da biópsia. Sempre sincero, ele argumentava que não se arriscaria a deixar em meu organismo células doentes ao se preocupar em preservar a enervação. Isso, dizia, não implicaria impotência.

Por essas ironias da vida, no mesmo período da biópsia e do diagnóstico, eu tinha ido a uma endocrinologista, uma vez que minha taxa de glicose apresentara alteração. Havia a suspeita de eu estar "pré-diabético" e essa história confirmava o dito popular de que desgraça pouca é bobagem. Definitivamente, eu não era um hipocondríaco, mas aquele início de ano transformava-se numa peregrinação por consultórios médicos. Entre a primeira consulta com a Dra. Adriana Bosco e o retorno com os exames que ela pediu, eu recebera o diagnóstico do câncer. Ao entrar no consultório dela, na mesma semana fatídica do diagnóstico, perguntei:

— Sobre o que você quer conversar primeiro, diabetes ou câncer?

Ela avaliou os exames e me informou que eu não estava diabético e, na evolução da conversa, ficou claro para mim que, naquelas circunstâncias, a história de alteração de glicose deixava de ter importância. Uma pergunta que eu ainda me fazia naquela fase era se, realmente, a indicação era cirúrgica. O diálogo com a Dra. Adriana, por hilário, merece registro.

— Tira isso, tira isso de dentro de você — afirmou ela, que não teve meias palavras para completar o raciocínio. — Isso te mata. E não é uma morte como a de quem tem um enfarte e cai fulminado. É morte lenta, muito feia.

Manifestei a ela minha preocupação com a possibilidade de incontinência urinária e impotência sexual. Ela observou que, normalmente, os homens tinham mais dificuldades para lidar com situações como essa. Perdi-me numa confusa e ainda mal elaborada exposição sobre a base de minha preocupação, que antes de ser machista seria por causa de uma dimensão do prazer na vida. Na seqüência da consulta, sem estar se referindo especificamente ao câncer, ela falou algo como "continuar comendo" no sentido natural de alimentação. Eu não quis perder a piada e disse:

— Mas, é isso. Eu queria continuar "comendo".

Ela também não perdeu a piada.

— Mas você já "comeu" muito.

Convivendo com a dúvida quanto à indicação cirúrgica, li na internet sobre o que chamavam "câncer indolente", ou seja, um tumor que fica "quieto" longos anos no organismo, sem fazer mal. Nestes casos, havia uma corrente médica que recomendava o monitoramento em vez da cirurgia. Em uma consulta com o Dr. Mauro, comentei que, se meu câncer fosse o tal "indolente", poderia ficar anos sem me incomodar. Ele ofereceu logo argumentos lógicos e fortes para mostrar que o meu tumor não era "indolente": a velocidade com que o PSA se movimentara, o fato de o tumor acometer quatro partes das seis em que a próstata tinha sido dividida e a existência de NIPs, ou células em mutação.

Mas argumento forte mesmo eu vi em artigo do professor da Escola Paulista de Medicina Miguel Srougi que, referindo-se ao risco de ficar monitorando um tumor dentro do paciente, escreveu: "Câncer indolente é aquele que está dentro de um balde com formol, não dentro do organismo."

“Ele vai cair duro”

Saber que um parente, amigo ou conhecido tem câncer desperta as reações mais variadas nas pessoas. O mais comum é ficar “cheio de dedos” para lidar com o doente, sem saber o que fazer.

“A gente tem cuidado porque não sabe o que aquela pessoa gostaria que você fizesse. A tendência que a gente tem, normalmente, é de ficar um pouco mais de longe”, avalia Antenor, que tem o raciocínio completado por Aurélio: “Você chega para mim e fala: ‘Estou com câncer.’ Eu vou te contar uma piada bem engraçada? De repente, era o que você precisava ouvir.”

De grupo em grupo:

“O mais difícil no meu caso foi saber o que ela queria. Tentar entender a cabeça daquela pessoa que está com câncer. Para mim, era difícil. Eu brincava: ‘Oh, minha sogra preferida. A mais bonita que eu tenho.’ Ela brincava comigo. Às vezes, eu chegava com a mesma brincadeira e dava aquela sensação assim: hoje não é o dia.”

“Eu achei uma sem graceza tão grande eu falar com ela, porque eu acho que nem ela sabia, que era uma senhora já de idade. Não seria eu a portadora de uma notícia dessas.”

"Se a pessoa comentasse comigo, sim, mas se não comentasse, eu faria de boba."

"Tem gente que não importa de comentar. Agora, fazer pergunta, eu não faço."

"Penso assim: se alguém chegar e falar: 'Tô com câncer', a primeira coisa que você tenta passar, depois do susto que você leva, é uma força, uma esperança. E, depois, é amar a pessoa demais. Agradar ao máximo, porque a gente sabe que a pessoa tá com o pé na cova."

"É preciso animar a pessoa. Chegar para ela e dizer: isso não é nada. Você vai se cuidar. Vamos sair um pouco, vamos passear. É para evitar que ela só fique com aquilo na cabeça."

"Para mim, depois do choque, vem a compaixão."

"No geral, quando a pessoa está acometida com o mal, ela prefere ficar mais isolada."

"No caso de um amigo meu, quando eu soube, ele já estava fazendo tratamento há mais tempo. Conversei com ele talvez uma semana antes de ele morrer. Ele estava preparado. Falou assim: 'Olha, se Deus me conceder que eu fique melhor, eu vou aproveitar minha vida. Se ele me levar, eu estou preparado para tal.'"

"Se eu pudesse chegar lá e curar o cara... Mas é uma tristeza, porque a gente se sente fraco em relação à própria raça humana. Não pode fazer nada."

"Na hora de conversar com o cara, você já conversa com aquele pesar, aquela cautela. É difícil."

"A gente ter pena demais da pessoa, sem reanimar ela, dá uma reação negativa."

"Ajuda a dar um banho, procurar um remédio, levar no médico..."

"Fica mais amiga, conversa mais..."

"Nem toca nisso. Não pergunte. Titia mesmo recomendou: não comente nada. Fala o essencial: que você está rezando por ela, para ela melhorar, e só."

"Vamos supor que ele esteja lá careca, por causa da quimioterapia. Eu posso chegar e conversar com ele outro assunto. Agora, mesmo que comece com outro assunto, cair no câncer eu acho difícil."

"Eu acho meio difícil, porque a pessoa está ali naquele sofrimento, você já chega sofrendo na hora de visitar. Já chega pra baixo, põe a pessoa mais pra baixo ainda."

"É difícil visitar uma pessoa que tá doente e dar risada, contar piada."

"Vamos tocar o barco numa boa, não vou tocar no assunto, porque amanhã ou depois, uma pessoa que me encontrou, quando tornar a me ver, vai querer fugir de mim. Vai pensar assim: 'Não quero ver fulano não porque toda vez que eu vejo ele toca no assunto da minha enfermidade. Deus já me curou e ele fica tocando no assunto.'"

"Tem pessoas desagradáveis. O que ele quis dizer é o seguinte: todo momento que ele encontra com aquela pessoa, ela não tem outro assunto. Vai perguntar para ele: 'E aí, você curou de sua doença, você está curado? Você tem certeza disso?' Então, isso se torna desagradável."

"As pessoas se afastam por causa do preconceito. Embora a pessoa esteja doente, é um ser humano. Tem que ser tratada como ser humano, não como um pobre coitado."

"Para ser sincero, desculpa se estou exagerando, a partir do momento que a pessoa está saudável, a gente tem uma intimidade a mais com ela. Quando a pessoa está com uma doença assim, a gente sofre junto com ela, a gente fica constrangida. Sente dificuldade em ajudar, porque acha que vai falar alguma coisa para ajudar e acaba magoando."

"Tem pessoas mais estruturadas até para doença, que nem gostam que você mude o tratamento. Você chega para dar um conforto e ela acaba te confortando."

"Pensei: ele vai morrer, não tem jeito."

Amado conta que também pensou que ia morrer quando recebeu o diagnóstico de câncer. Ele sentiu na pele a reação absolutamente desordenada das pessoas diante de um cidadão que, sabidamente, tem um diagnóstico de câncer. "Tem pessoas que procuram saber, conversam com você, querem saber a respeito de sua continuidade aqui nesse mundo. Aparecem pessoas que ficam olhando procê assim: 'De uma hora para outra ele vai despencar e cair duro.' E a realidade não é essa. Eu sou a primeira pessoa interessada na minha continuidade, na minha sobrevivência. Então, eu percebo que as pessoas têm muito essa preocupação, de continuidade. 'Como é que tá, como é que você está se sentindo?'"

Diferenças ele notou quando as pessoas tinham mais ou menos informação sobre as possibilidades de enfrentamento ou cura de um câncer.

"Se as pessoas não têm um nível adequado de informação, associam câncer com morte e perda. O que acontece? Acho que é o medo de te magoar, de te ofender. São pessoas que gostam de você. Tem gente que fica até com medo de conversar. Pensa assim: 'Se conversar mais um pouquinho, ele desmaia na cadeira, ele chora.' Tinha pessoas que eram gozadoras, brincalhonas, com quem a gente estava acostumada a conversar só trivialidades, e me ligavam, demonstravam solidariedade, o sentimento delas. Depois você começa a avaliar e fica até meio estático, meio aéreo, sem saber como é que você lida com a mudança de comportamento das pessoas."

Camila também teve que aprender a lidar com a reação das pessoas. Depois do câncer, da quimioterapia, da perda de cabelos, de chamar a atenção na rua, ela se integrou, inclusive, a grupos de doentes, segundo ela, para ajudar outras pessoas que passam pela mesma situação. Mas, constata, não é a mesma coisa de antes. "Eu converso tranqüilamente com meus filhos, com as pessoas. Elas perguntam: 'Você agora está usando cabelo curtinho?' Eu falo: 'Não, agora é que estou tendo cabelo. Eu tive câncer.' Hoje falo abertamente. Agora, tem um detalhe: não tive coragem de voltar na minha escola. Eu não tive coragem, não tive. Minha filha é que vai buscar meu contracheque."

As assistentes sociais do Inca observam que, muitas vezes, é o paciente que não quer mesmo que ninguém se aproxime. Rosilene Pires encontra doentes que não querem receber visitas. Quando muito, aceitam membros da família, mesmo assim em número restrito. Indagam: "Tem gente que nunca foi ver nada na minha casa, porque vêm aqui no hospital? Porque eu estou com câncer avançado?" Segundo Rosilene, tem pacientes que sequer admitem as visitas domiciliares da equipe do hospital, porque o carro tem escrito na lateral

"Hospital do Câncer". Eles temem que a presença do carro da equipe chame a atenção dos vizinhos.

"Os vizinhos vão até a residência. Eles são inconvenientes", diz Rosilene, que encontra dificuldades para dizer aos familiares que o paciente não quer conviver. "Eu posso orientar, falar para o familiar que estiver aqui: 'Olha, faz uma reunião fora da casa de vocês, conversem, ele não quer receber visita, não quer mais ter convívio, ele está tão entristecido que isso faz mal para ele.'"

"Estou em suas mãos"

Tirando os feriados do Carnaval, os dias que se seguiram ao resultado da biópsia foram uma romaria a consultórios e clínicas para os exames complementares solicitados pelo oncologista, mais os habituais para determinação do risco cirúrgico. Na sexta-feira, véspera de Carnaval, meu amigo Cid Faria, publicitário atuando no Ministério da Saúde, em Brasília, mencionou a possibilidade de enviar meus exames ao Instituto Nacional do Câncer (Inca), no Rio de Janeiro, para serem avaliados por um especialista. Respondi que, mais do que isso, estaria disposto a ir ao Rio fazer uma consulta, se fosse possível.

Era possível. Ele se informou e era tudo muito simples: havia um sistema de triagem em que oncologistas clínicos avaliavam os exames em casos de diagnósticos comprovados. Se fosse o caso, o doente se tornaria paciente do Inca, hospital público federal que, no meu imaginário, era uma referência na área.

Na sexta-feira seguinte, desembarquei no Rio com meus exames debaixo do braço. Ao descer de um táxi na praça da

Cruz Vermelha, senti fichas caindo como ainda não sentira desde que lera o fatídico diagnóstico de "adenocarcinoma". Eu olhei para o prédio e na fachada estava escrito: "Hospital do Câncer". Era câncer que estava escrito, não era carcinoma ou algum eufemismo. Com todas as letras bem grandes. No jargão do velho jornalismo, em letras garrafais. Eu estava entrando num hospital de câncer como paciente. Bateu forte.

Na portaria do prédio principal me indicaram o local da triagem, numa rua próxima. Eu não tinha encaminhamento médico, um dos requisitos para o atendimento, mas isso não foi obstáculo. Passei pela recepção, fiz minha ficha e fui atendido por dois médicos simultaneamente. O que parecia ser mais experiente, depois de avaliar os exames, afirmou: "Não há dúvidas de que o caso é cirúrgico." Comecei, então, a falar de minhas dúvidas, porque, naquela altura, ainda nem tinha convicção de que deveria mesmo fazer a cirurgia. Quando mencionei que meu médico me avisara que não preservaria os feixes nervosos de um dos lados, o mais jovem, que provavelmente era um residente, foi direto:

— Se não preservar os nervos, não tem jeito, você fica impotente.

Saí da triagem com um encaminhamento para um urologista do Inca. Tinha esperança de consultar no mesmo dia, mas não havia mais fichas. Só na segunda-feira seguinte. Insisti com a funcionária que morava longe, que viera de Belo Horizonte exclusivamente para aquelas consultas, que o deslocamento era oneroso. Nada dava resultado. Saí desanimado, até que me ocorreu um raciocínio simples: quem sabe, em vez de gastar com outra viagem ao Rio, eu pagava uma consulta no consultório de um dos especialistas do Inca? Voltei à funcionária, que relutou, mas acabou me fornecendo o telefone de um dos cirurgiões que, naquela sexta-feira, estaria em seu consultório particular.

Liguei e, como era de se esperar, não tinha horário. Mas, de novo tive sorte com o interlocutor. A secretária falou com o médico e acabou me orientando para chegar ao consultório, em Copacabana, ao meio-dia. Eu seria o último atendimento do dia. Mais do que isso: mesmo estando disposto a pagar pela consulta, fui atendido pelo plano de saúde, portanto, sem despesas adicionais.

A chegada ao consultório do Dr. Aristóteles Wisnescky foi outra "porrada". Na sala de espera havia dez homens sentados. Havia ainda uma mulher, acompanhante de um deles. Todas essas 11 pessoas tinham, seguramente, mais de 70 anos. Eu, com 51, sentei-me entre eles e fiquei calado. Havia pouca conversa na sala, mas, quando havia, falava-se de próstatas, bexigas e uretras.

Quando sentei-me diante do Dr. Aristóteles, eu era um paciente já iniciado no assunto sobre o qual conversaríamos. Tinha dúvidas bem objetivas e penso que a principal delas era sobre a possibilidade de preservação ou não dos feixes nervosos. O urologista explicou-me, usando desenhos que ia fazendo e mostrando, cada item do exame de ultra-som e da biópsia. E concluiu que o prognóstico era favorável no sentido da tal preservação.

Depois de fazer o toque retal, reafirmou a avaliação: o estado da próstata indicava que não havia comprometimento no que chamavam de "cápsula". Ele discorreu, então, sobre o que entendi como sendo gradações de um tumor e ligando meu caso ao de um com bom prognóstico, pelo estágio. Não conseguia ouvir direito e fiz um comentário.

— O que entendo disso tudo é meu azar por ter detectado um câncer nesta idade.

— Ou sorte — corrigiu o cirurgião. Era questão de ponto de vista e o meu era o da vítima.

O Dr. Aristóteles insistiu que a eventual preservação dos feixes nervosos não era garantia de manutenção da virilidade e referiu-se ao ato cirúrgico com a presença de um patologista na sala. Isso me interessou particularmente. Segundo ele, tratava-se de um método até rudimentar de congelamento das peças cortadas pelo cirurgião, para estabelecimento dos limites do corte. Como leigo curioso, pensei que aquilo era a solução do meu problema. No final da tarde, embarquei de volta para Belo Horizonte considerando real a possibilidade de fazer a operação no Rio. Como a "fila" no Inca poderia significar uma longa espera, eu dependeria da autorização do plano de saúde para a cirurgia em algum hospital em que o Dr. Aristóteles atendesse.

Ao longo daquele final de semana, continuei conversando sobre a cirurgia e a tal presença do patologista na sala, prática que não era usual em Belo Horizonte. Logo soube que o plano só autorizaria a cirurgia em outra praça se se tratasse de alguma técnica não-disponível em Belo Horizonte. Uma perícia médica é que estudaria o caso. Percebi que seria uma briga provavelmente estressante.

Cheguei a dois outros cirurgiões em Belo Horizonte. Paulo Marcelo dos Santos e Jurandir Raimon Costa. Já na segunda-feira, na primeira hora, marquei consulta com o Dr. Paulo Marcelo, que também considerou a possibilidade de preservação dos feixes nervosos, relativizando somente quanto a circunstâncias do ato cirúrgico, como a própria anatomia do paciente ou sei lá que outras eventualidades. Gostei dele e chegamos a marcar a data para 13 de março.

No final da tarde, estive com o Dr. Jurandir. Eu chegara a ele por indicação do presidente da Unimed BH, Emerson Fidélis Campos, cirurgião ortopédico, a quem eu assessorara na área de comunicação. O Dr. Emerson mandou me dizer que, se precisasse de uma cirurgia igual à minha, procuraria o Dr. Jurandir. Era, sem dúvida, uma referência forte, de quem conhecia bem a área. O próprio Emerson cuidou de conseguir o horário para o mesmo dia e lá fui eu para a consulta.

E foi aí que tive certeza. Com 35 anos de formado e um ar bonachão, o Dr. Jurandir concluiu que estávamos diante de um quadro favorável, mas que nem tanto ao mar, nem tanto à terra. A preservação dos nervos era um objetivo, mas não podia ser garantida. Também, era uma decisão que implicava uma dose de risco a ser assumida pelo paciente. Sem a decisão radical de cortar com margem de garantia, o paciente tornava-se co-responsável.

Comentei com o cirurgião que essa preocupação dos médicos com a preservação da qualidade de vida pós-câncer de próstata era coisa de poucos anos e ele, com bom humor, disparou:

— Eu já aleijei muita gente.

Eu não tinha mais dúvidas. Definimos a data para 11 ou 12 de março, dependendo de disponibilidade no bloco cirúrgico do Hospital Vera Cruz. Desmarquei com o Dr. Mauro e com o Dr. Paulo Marcelo e dei o assunto por encerrado. Na conversa com o Dr. Jurandir, deixei claro minha gratidão ao Dr. Mauro Campolina, que desde o primeiro dia fora franco e responsável. Afinal, fora ele quem descobrira meu câncer e, se eu estava trocando de cirurgião, era simplesmente pela franqueza e honestidade dele, que dizia preferir não preservar nervos a se arriscar a deixar uma semente maligna em algum canto do jardim.

Os dois eram amigos e o próprio Jurandir cuidou de conversar com o Dr. Mauro. Eu tinha, agora, um médico definido para a cirurgia. Descobri que a vulnerabilidade e a fragilidade de um paciente anestesiado diante de um cirurgião representam o significado cabal da expressão "estou em suas mãos".

"TADINHO, VAI MORRER"

Uma questão concreta que se apresenta para todas as pessoas é como tratar alguém que tem câncer. Afinal, o que cada um tem diante de si? Um vaso frágil, que vai se quebrar a qualquer momento ou um ser humano disposto a lutar pela sobrevivência? De que esse ser humano precisa, o que ele espera do seu semelhante?

Amado passou por isso do ponto de vista do vaso frágil ou do ser humano disposto a lutar. Viu os olhares de pena, conviveu com a mudança de tratamento de amigos e colegas de trabalho.

"A primeira reação é de pena, com certeza, é de pena. A pessoa está ali brincando com você e, lá no fundo da mente, tá assim: '*Nó*, tadinho, vai morrer.' Você já percebeu que no dia-a-dia da gente, no seu convívio, tem pessoas que te tratam mais rispidamente? É o jeito mesmo da pessoa. Pois tem pessoas com essa índole que mudaram comigo. Tenho certeza de que todos nós aqui passamos grande parte da vida trabalhando e o trabalho é um negócio pesado. Imagina você estar doente, com problema. Não posso te jogar aquela carga de trabalho enorme, eu tenho que te dar um tratamento diferente. Eu acho que acaba sendo diferente o tratamento, não tem jeito de não ser."

Camila enfrentou a mesma situação e seu testemunho dá a medida dos rumos que tomam os relacionamentos.

"A minha família, tios e primos, tocavam muito por cima. Agora, o relacionamento com meus filhos mudou radicalmente. O meu adolescente é um filho dócil, amoroso. A filha é mais afastada. A filha transformou radicalmente. Passou a apoiar o irmão em tudo, fazer a vontade em tudo. Ela deixava o serviço e ia comigo. Dos filhos, para mim, foi magnífico, fico sufocada de mimos. Acho que eles têm tanto medo de perder a mãe. 'Mãe, você vai sair agora? A senhora me liga, por favor.' Os parentes, eles se afastam um pouquinho. Se a gente encontra numa festa, evitam comentar, para não agredir, para não melindrar. Em casa, mudou para melhor."

O certo é que ninguém tem a receita sobre a melhor forma de tratar o doente. Cada um tende para um lado.

"Se paparicar demais a pessoa, ela mesma desconfia."

"Eu mudaria a forma de tratar. Pode ser que eu esteja errada, mas mudaria. Daria mais atenção. Eu parava mais tempo para escutar. Principalmente à noite, porque à noite é a pessoa e a escuridão. À noite é que acontece tudo."

"Trataria com muito mais delicadeza, como se trata uma criança. Uma criança estimada. É preciso estimar aquela pessoa além de ter um pouco de cuidado na comunicação. Para evitar palavras que dão essa dupla interpretação."

"Trataria com mais carinho, porque uma vez que ela já tá com aquela doença, tratar de qualquer jeito parece que vai magoando mais a pessoa."

"Trataria com mais prudência. Tem pessoas que são muito sensíveis."

"O contato físico não muda nada, não. Muda o trato emocional. Passa a tratar a pessoa com mais cuidado, com mais atenção, com mais afeto, com mais delicadeza."

"Esse meu amigo que faleceu, antes de ele saber que estava com essa doença, eu tive uma paralisia facial, minha boca ficou torta. Aí, quando eu encontrei com ele, que ele estava com a cabeça grande, ele virou para mim e riu. Falou comigo assim: 'Você não estava torto, todo empenado?' E rindo. Ele disse: 'Eu vou sarar também.' Eu já sabia que a doença dele não tinha cura. Como é que vai tratar uma pessoa assim igual?"

"Eu trataria normal, uai. Não é porque tem aquela doença que a gente vai tratar diferente. A pessoa seria a mesma para mim."

"Se mudar o tratamento, a pessoa se sente mais doente. Tem que valorizar ela no todo. Ela pode estar feia, tem que falar: 'Olha, você está bonita.' Agradar. É para levar ela a amar a vida, porque é uma doença que faz você perder o amor pela vida."

"No caso da minha vizinha, não tinha nem como mudar o tratamento, porque ela passava lição de vida pra gente. Em vez de eu ter compaixão por ela, não, ela não deu chance. Ela me deu a força."

A doença mexe tanto com as relações que pode até prejudicar. "Tem família que começa a ter um cuidado tão maior que o paciente começa a se sentir muito doente, incapaz. Tem também aquele que vai manipular, vai ser mesmo o coitadinho", diz a psicóloga do Inca Maria Cristina Maia. Ela encontra pacientes que se referem a "um cancerzinho", que é como passaram para ele e, às vezes, é um tumor enorme. "A gente tem que ter cuidado. Se ele já tem uma resistência, é um prato feito."

O RISCO QUE CORRE O PAU...

Tanta coisa havia acontecido, minha cabeça tinha ido e vindo tantas vezes, que parecia difícil acreditar que pouco mais de 15 dias tinham se passado desde o diagnóstico, incluindo os feriados do Carnaval.

Nas tais idas e vindas, minha cabeça trazia lembranças, surpresas, brincadeiras, ironias. Logo nos primeiros dias, lembrava a toda hora do ditado "o risco que corre o pau, corre o machado". Eu tentava ver como a expressão se enquadrava no meu caso e aquilo parecia não fazer sentido. Pensei, então, que meu inconsciente só podia estar falando o seguinte: como havia a possibilidade real de impotência sexual, era óbvio o risco que corria o "pau". Logo, o machado só podia ser o bisturi.

Outra molecagem que me ocorreu foi quanto à necessidade de sair de situações limites como essa de cabeça erguida. "Cabeça erguida", no caso, com conotação claramente sexual.

Os dois "efeitos colaterais" da cirurgia pareciam ter significados diferentes para mim. A incontinência urinária, com a eventual necessidade de usar fraldas, me parecia pouco digna, humilhante, limitadora. A possibilidade de passar a mijar nas calças era um pensamento extremamente desconfortável.

A impotência sexual tinha outra conotação e essa foi uma ficha também lenta para cair. Os médicos falavam nas estatísticas, alertavam sempre para o fato de que as chances eram boas de preservação da potência, mas que não havia garantias. Aos poucos, fui percebendo que era difícil para as pessoas tratarem desse assunto. Conversei com um conhecido que tinha se submetido a uma operação igual. Ele contou detalhes do pós-operatório, falou de como teve facilidade para controlar novamente a urina, mas não fez absolutamente nenhuma referência à questão sexual. Na conversa, não tive coragem de perguntar, apesar de ter certeza de que ele sabia quanto eu gostaria de ouvir sobre aquilo. Que pensar? Ele estava com problemas e não queria falar disso? Parecia o mais provável.

Um outro, mais velho, ligou solidariamente para dizer que eu não tivesse medo. Ele se submetera à operação vários anos antes e garantiu que tinha sido um sucesso. Como ele se mostrou mais aberto, perguntei se havia seqüelas. Ele respondeu que tinha conseguido recuperar o controle da urina e foi direto quanto ao outro temor:

— Fiquei broxa — disse, com coragem. Ele informou ter ouvido do médico que o operara que, se a cirurgia tivesse acontecido mais recentemente, ele teria, provavelmente, preservado a virilidade.

Antes dessa preocupação com a qualidade de vida do paciente pós-cirurgia, não ficava alternativa. Cheguei a ouvir de médicos o argumento que o mais importante era perma-

necer vivo, aproveitar a chance que a vida estava dando. O resto seria lucro. Era a virilidade ou a vida. Não há como não fazer analogia ao tradicional "a bolsa ou a vida" da hora fatídica do assalto. Então, tá, leva a bolsa, o que fazer? Quem optar pela bolsa, perde os dois.

O quadro parecia muito claro: quem ficava com problemas tinha dificuldades em falar disso e era natural que assim fosse. E a quantidade de gente que ficava com problemas, certamente, estava longe de ser pequena. A questão se colocava para mim. Como eu lidaria com essa eventualidade? De novo, decidi encarar. Caso ficasse com problemas sexuais, assumiria isso também como um fato da vida. Tinha consciência de que isso exigiria de mim um outro processo de elaboração, que se somaria ao que se referia ao próprio câncer, mas seria diferente.

Parecem cachorra no cio

Jurandir Costa perdeu a conta de quantos homens operou ao longo dos 35 anos de sua carreira. Nesse tempo, aprendeu a entender as falas de seus pacientes. E, quando a questão é a recuperação sexual, ele não hesita: "Tem muita mentira." Ele lembra especificamente de um homem de 78 anos que, após uma prostatectomia radical, garantiu, depois de um mês, que estava "ótimo" sexualmente. "Eu não engoli", diz o médico, rindo.

O médico vai mais longe. "O sujeito que é um cirurgião que opera câncer de próstata e fala que não tem doente impotente entre os pacientes dele está mentindo", aposta.

No livro *Próstata: isso é com você*, o urologista Miguel Srougi, professor da Escola Paulista de Medicina, escreve: "Embora seu valor curativo seja inquestionável, a prostatectomia radical pode provocar impotência sexual e incontinência urinária, ou seja, incapacidade para conter a urina. A impotência, que se traduz por perda da rigidez peniana, apesar de o paciente manter a libido e poder atingir o orgasmo, surge na maioria dos operados com mais de 70 anos; em cerca de 50% dos indivíduos com idade entre 55 e 65 anos e em aproximadamente 15% dos pacientes com menos de 55 anos. Deve-se ressaltar que os riscos de impotência diminuem significativamente quando o tumor é oculto, ou seja, não palpável no toque digital, e quando o cirurgião é experiente."

Apesar das estatísticas mostrarem que boa parte dos homens submetidos à prostatectomia radical pode recuperar a virilidade, a associação entre câncer de próstata e impotência parece definitiva no imaginário das pessoas, independente de terem ou não sido acometidas pela doença e independente de sexo. Nos grupos de pesquisa, isso aparece de forma irrefutável, quase numa relação direta: teve câncer de próstata, fica impotente.

Portanto, parece claro que o tratamento adequado do câncer de próstata encontra pelo menos quatro barreiras: primeiro, a falta de informação dos homens, que sequer sabem o que devem fazer para obter um diagnóstico precoce; depois, o preconceito contra o toque retal e o medo de procurar um urologista para levar a "dedada"; a terceira barreira é a enfrentada, por exemplo, por Vero do Bar: a dificuldade de acesso ao médico especializado; a quarta e última barreira, é o medo de ficar impotente.

Essa quarta barreira aparece de forma tão clara quanto equivocada nos grupos de discussão. O medo surge mesclado com desinformação em todos os grupos. No grupo de Amado, Aurélio e Antenor, teoricamente o com mais acesso à informação, diante da pergunta sobre o que é pior no câncer de próstata, aconteceu o seguinte diálogo:

— O que é pior? Impotência.

— É o que mais preocupa.

— Se você tem câncer de próstata, fica impotente.

— A primeira coisa que você tem medo no câncer de próstata, é a impotência. Com certeza, eu acho que 90% dos homens com câncer de próstata ficam impotentes.

— Hoje em dia isso é perfeitamente solucionável, até onde eu sei.

— Tem o Viagra.

— Mas o Viagra não é para todos os casos.

— A impotência é uma probabilidade, não é radical que seja. Eu conheço homens que tiveram câncer de próstata e, no entanto, não ficaram impotentes.

No grupo de Carlos e Cirilo, em que se supunha um nível médio de informação, o diálogo foi assim, diante da mesma pergunta:

— O que é pior? Causa impotência.

— Quando opera causa impotência.

— O medo dos homens é a impotência.

— Isso não tem nada a ver. Depende do grau do câncer, a evolução da doença, o quadro clínico. O primeiro sintoma é a diminuição do jato.

— O câncer causa impotência.

— Isso é conseqüência dele.

— O que eu sei, basicamente, é a perda de potência.

— Esterilidade.

No terceiro grupo, de Dalmo e Davi, com menos acesso à informação, o tema impotência não surgiu diante da pergunta: “O que é pior no câncer de próstata?” Falaram em sofrimento, dor, aflição. “O pior é o tratamento. Porque a partir da hora que está com a doença, vai ter que ir no médico constantemente. O que ele não fez, que era uma vez só, para prevenir, vai ter que fazer todo dia. Todo dia tem que ir lá e descer a roupa para o médico ficar examinando. O médico olha daqui, olha dali, é bem pior”, disse Davi.

Entre as mulheres, em todos os grupos, a questão da impotência como conseqüência direta da doença surgiu diante da pergunta: “O que é pior para o homem que tem câncer de próstata?”

Dagmar e Delma reagiram assim:

— O pior eu acho que é o sexo. É assim, uma daneira, eles parecem cachorra no cio.

— Se o negócio não levanta, eles acham ruim.

— Conheço uma mulher que o marido fez essa operação e ficou broxa. Ela diz que ele amola ela a noite inteira, briga com ela. Fala que ela é culpada, porque pediu para ele operar.

Camila, Clarice e Cátia não foram por caminhos diferentes:

— Pelo que eu conheço, o pior para ele é perder a potência sexual.

— Se perder a vontade do sexo, acho que isso para ele é dez vezes pior do que estar com câncer de próstata.

— É a morte, né?

— Se não funcionar...

— Mas a vida não é só sexo.

— Meu avô está com 91 anos. Ele era viciado em pinga. Com 40 anos ele perdeu a potência sexual. Ele amofinou, morreu de paixão, porque não era mais homem.

Já Araci fez o seguinte comentário diante da mesma pergunta: "Sabe o que é pior no câncer de próstata do que no câncer da mulher? O da mulher não influi na feminilidade dela. O homem tem medo da cirurgia porque ele fica impotente."

"Vela boa em defunto ruim"

Outro ditado que me ocorria: "Se correr o bicho pega, se ficar o bicho come." Tinha alternativa, não. Cid Faria mandou-me de Brasília um e-mail afetuoso e emocionado dizendo que queria me dar os parabéns pela forma digna e corajosa como eu estava enfrentando o problema. Respondi prontamente: "Coragem, um caralho. Eu não tenho é pra onde correr. Se eu pudesse, já tinha afinado e corrido há muito tempo." Disse que a quem está encantoado só resta espernear.

O estigma do câncer dava demonstrações de força. Com as manifestações de solidariedade, eu não podia deixar de lembrar da máxima de Otto Lara Rezende: "Mineiro só é solidário no câncer." Maldade, porque não é só no câncer. Mas, nele, a solidariedade, sem dúvida, aparece.

Perguntei ao Acílio Lara Rezende, irmão do Otto, se ele realmente criara tal frase. Acílio afirmou que a frase do Otto, no original, era assim: "Mineiro é solidário no câncer." O "só", segundo ele, fora acrescentado por Nelson Rodrigues, para "esquentar" a frase que ele tanto usou em sua obra.

Nesta fase, foi ao apresentar um orçamento para um serviço solicitado por um banco comercial que tive outro exemplo da repercussão do mal em minha vida. Tive que avisar ao meu contato que estaria no "estaleiro" por um período e, logicamente, impedido por algum tempo de executar o trabalho, se contratado fosse. Percebi, então, que não seria contratado, pelo menos naquela fase. Quem contrataria uma pessoa prestes a se submeter a uma cirurgia de câncer sem ter certeza de que o profissional estaria em condições de cumprir o contrato?

O que era o normal e previsível? Que eu cuidasse de minha saúde e, então, me apresentasse em condições de pleitear aquele contrato ou qualquer outro. Fora disso, que segurança o contratante teria? E, se depois de operado, eu tivesse alguma complicação? E se a recuperação não fosse tão rápida como eu estava supondo? E se ficassem marcas físicas ou emocionais que interferissem no meu desempenho profissional? Naquele momento, e até segunda ordem, eu estava fora do mercado.

Desse episódio, outra constatação: planos e projetos ficariam condicionados à cirurgia e suas conseqüências. Minha energia estava toda direcionada para enfrentar o inimigo silencioso, poderoso e cruel que eu trazia dentro de mim. Eu não poderia dimensionar agora o tempo que passaria envolvido com essa história. Coração e mente ocupados, organismo com as baterias voltadas para a tropa inimiga. De novo um ditado popular: eu teria que gastar muita vela boa com um defunto ruim. Semanas, meses? Quem saberia?

E não era só vela boa que eu precisaria gastar. Afinal, se eu não tinha sintomas, era como se eu estivesse ótimo. Na verdade, eu estava ótimo. Um episódio ocorrido nos dias do Carnaval me pareceu ilustrativo. Meu neto João, de menos de 4 anos, tentou subir na moto do pai e desabou com ela. Por pura sorte, a moto bateu no meu carro que estava ao lado, amassando a lataria, mas isso impediu que machucasse o João, que ganhou um espaço vazio para ficar incólume, com a moto "escorada" pelo automóvel. Eu disse a ele, repreendendo por ter mexido na moto sem um adulto por perto:

— Está vendo, João? Quase que quem ficava amassado era você e não o carro.

Os olhos dele se encheram de lágrimas e ele indagou:

— Eu ia ficar amassado?

Era coisa de criança, mas que eu adaptei logo para o meu caso, sempre tentando manter o bom humor. Eu ia entrar inteiro no hospital e sair amassado? O pior é que ia.

Mais do bom humor que insistia em ser solidário comigo: invariavelmente, quando eu dizia para qualquer pessoa que estava com câncer, ouvia logo a observação: "Mas é diagnóstico precoce, né?" Confirmado que era um diagnóstico precoce, elas se mostravam aliviadas. Foi aí que entendi: eu não tinha câncer, que era coisa grave e assustadora. A doença que eu tinha chamava-se "diagnóstico precoce" e era disso que eu ia ser operado. Cheguei a me divertir respondendo a perguntas sobre que operação eu iria fazer. "Vou operar de diagnóstico precoce", dizia, sem me preocupar se quem perguntou estava entendendo a resposta.

Mais adiante, o pensamento avançou, sem graça: precoce não era o diagnóstico, mas a doença, que me alcançara aos 51 anos.

“Morre por ser pobre”

A precocidade do diagnóstico tem tudo a ver com o estágio de qualquer câncer. Quanto mais rápido ele for “descoberto”, maiores as chances de enfrentamento. Marie-Paule Dousset descreve a classificação criada pelo médico francês Pierre Denoix, batizada de TNM.

“T se refere ao tumor. Sua classificação varia de 0 a 4 segundo a sua evolução, indo do menor ao mais desenvolvido. — N vem de nódulo e mede, numa escala de 0 a 3, a propagação da doença nos gânglios linfáticos vizinhos. — M de metástases indica a existência das mesmas. M0 quer dizer que elas não existem, M1 mostra sua presença.”

Em resumo, mostra a autora, T3 N0 M0 é melhor do que T1 N3 M1. Ainda segundo a mesma autora, esse sistema de graduação é completado por uma outra classificação em quatro níveis, que vão do estágio I ao estágio IV.

Estágio I é igual a um pequeno tumor, isolado no organismo.

Estágio II é o de um tumor que ganhou volume.

Estágio III é aquele em que os gânglios linfáticos ou os tecidos próximos ao tumor inicial são atingidos.

Estágio IV corresponde a uma generalização da doença.

A assistente social Márcia Skaba diz que o câncer no Brasil tem prognósticos muito ruins e que não há outro jeito. "Num lugar especializado como o Inca, a gente tem uma entrada de pacientes matriculados em torno de 70% com doença de estadiamento 3 para cima. São prognósticos muito restritos. Se pegarmos aqueles outros 30%, se tirarmos os cânceres infantis com bons prognósticos, os melanomas da vida, as doenças de pele, você vai ver que estamos tratando de pacientes só com doença avançada. E não adianta, porque doença avançada tem prognóstico limitado mesmo", diz a especialista. Para ela, quem faz a peregrinação pelo serviço público chega fazendo parte desses 70% com doença avançada, mesmo que seja uma pessoa atenta, porque não tem acesso a um sistema eficiente para fazer a prevenção ou realizar o diagnóstico.

Na tese, a Dra. Skaba afirma: "Podemos considerar que a dificuldade de acesso e a desqualificação de alguns serviços ou de alguns profissionais para a definição precisa do diagnóstico e prognóstico podem estar somadas ou agirem de forma isoladas." Segundo ela, as pacientes têm compreensão de que o câncer, quanto mais cedo for diagnosticado, melhores possibilidades de controle oferece. Essa "perda de tempo" patrocinada por alguns serviços médicos é "elemento marcante em sua experiência para o enfrentamento do câncer".

A especialista diz que teve um "susto imenso" quando entrevistou mulheres com câncer de mama avançado que estavam sob cuidados médicos. Embora tivessem tido acesso, embora tivessem vencido tudo, elas iam para o médico e continuavam "tomando hormônio, passando creminho". Ela considera que existe uma precariedade muito grande na possibilidade de diagnóstico de câncer de maneira geral nas redes básicas. As pessoas conseguem acesso, mas não conseguem atendimento de qualidade.

Nos grupos de pesquisa, fica claro o medo que os membros das classes D e E têm do câncer de próstata. "Infelizmente, até hoje não ouvi falar de quem teve câncer de próstata e teve cura", lamenta Davi.

"De repente, é porque não têm acesso à prevenção, detecta mais tarde", analisa Aristóteles Wisnescky.

Há pacientes que descobrem o câncer por mero acaso, mas pelo fato de terem acesso ao sistema de saúde. O Dr. Aristóteles conta de uma mulher que comeu uma empada e sentiu-se mal. Procurou um serviço médico e mandaram fazer um ultra-som. E esse exame detectou um tumor de rins. "A empada não tinha nada a ver com o tumor de rins, mas ela tem acesso ao sistema de saúde, aos exames. Outro ia tomar um Sonrisal e a doença ia evoluir. Foi um achado. Quem tem um plano de saúde, ou tem condição de ir a um posto de saúde, que tem acesso a determinado tipo de exame, tem uma possibilidade de fazer uma detecção mais precoce da doença", comenta o médico.

Este foi exatamente o caso de Amado, que também teve um câncer nos rins.

"Nunca tive sintoma de nada, descobri por um acaso. Não me dou muito bem com leite. Tomei dois copos, com dois dedos de leite e café. Fiquei com uma dor de barriga do lado de cá. Uma colicazinha natural, normal. Só que ela não foi embora. Durou três dias. Ficou domingo, segunda... Na terça, fui ao médico. Ele me pediu ultra-som, mas eu não imaginava, nem passava uma coisa dessas na minha cabeça. Foi Deus que me carregou na palma da mão dele. Me fez ter uma dor de barriga. O sintoma era uma coisa que se eu tomasse um laxante acabava a dor. Quando fui fazer o ultra-som, a médica falou: 'Você não tem nada no intestino, tá perfeito, não tem nada. Entretanto, eu estou notando uma anomalia no seu rim do lado direito.'"

Camila sempre foi atenta à prevenção e procurou médico imediatamente quando notou uma mancha em seu seio. Não imaginava que aquela mancha virasse um tumor de 3,5 centímetros.

"A minha ginecologista passou para a mastologista. A mastologista falou: 'Eu não gosto de mancha de jeito nenhum. Você vai para a doutora fulana de tal, que trabalha nessa área.' Eu disse: 'Já é uma mancha e eu tenho que prevenir para isso.' Ela: 'Você é boba, hoje o tratamento está mais fácil.' Foi passando o tempo e esperando que crescesse para fazer alguma coisa. Quando chegou no meio do ano, que foi avaliar novamente, já tinha crescido 3,5 centímetros. O que era uma mancha já tinha aparecido noutro lugar no braço."

Jurandir Costa concorda que as pessoas menos favorecidas temem ficar doentes por dois motivos: "Primeiro, porque elas perdem o poder do trabalho e vão morrer de fome. Muitas vezes, a grande maioria não tem nem carteira assinada, não tem nem o INSS para completar o salário. E, segundo, que a doença para eles é um fardo que alguém vai ter que ajudar a carregar. E o outro que vai ajudar não existe, porque tem que trabalhar. Socialmente, a doença para os menos favorecidos é uma coisa trágica, muito triste. E um câncer, muito mais. Já imaginou um sujeito dentro de casa com poucos recursos, com pouca higiene, dez, quinze dias com uma sonda? Nem higienizar, ele higieniza."

Márcia Skaba, com sua experiência de chefe do Serviço Social do Inca, aprofunda mais no assunto. "A gente tem circunstâncias animalescas de atenção à saúde. Muita gente morre que não precisava morrer." Para ela, o cidadão "morre por ser pobre".

"Tem gente que não pode ficar doente. Essa galera que está na rua sendo pedreiro, faxineiro, lavadeira. Imagina se eu vir um tumorzinho na mama; vê se eu vou buscar saber se estou com câncer de mama. E as boquinhas tudo lá esperando para eu alimentar?"

Para uma consulta inicial no Centro de Saúde, a mulher não vai trabalhar naquele dia, raciocina Márcia Skaba. Quando a pessoa trabalha na informalidade, tem um ônus que não recupera. Já perdeu uma diária ali. E ninguém vai só um dia em busca de atendimento médico. Vai num dia para marcar, noutro para consultar, para marcar exame que o médico pediu. Depois, tem o especialista, só daqui a meses. "Eu tenho depoimento de mulheres que falam assim: 'Eu tinha que dar comida para meus filhos, eu tenho cinco filhos em casa, não tinha como ficar olhando aquele carocinho. Esqueci daquilo e voltei para a padaria, para trabalhar. Eu saía de casa às cinco da manhã e voltava às onze e meia.'"

"NÃO É NENHUM CASTIGO"

Consta que uma das fases por que passa quem recebe um diagnóstico de doença grave é a da solução mágica. É aí que surgem as cirurgias espirituais, visitas a centros espíritas, consultas com pais-de-santo. Eu não fugi ao estereótipo. Minha filha Isadora costumava visitar um pai-de-santo chamado Henrique e, por vezes, tinha me enviado recado ou observações dele, especialmente durante o ano de 2003, quando eu estava trabalhando em Brasília. Numa delas, ele avisou que eu não ficaria muito tempo por lá, porque era um homem que precisava de raízes para me sentir bem e que, lá, eu não tinha essa fixação. Estava solto, longe de casa e das raízes. Era a pura verdade. Eu costumava brincar comigo mesmo dizendo que eu tinha ficado em Paracatu (uma cidade a cerca de 480 quilômetros de Belo Horizonte e a 220 de Brasília), ou seja, não estava em Belo Horizonte nem em Brasília, mas no caminho.

Essa era uma constatação que me acompanhava desde a infância. Eu tinha, há tempos, construído uma bem-humorada idéia de que eu, como o cachorrinho da piada, caíra de um caminhão de mudanças. O cachorrinho, no caso, fica perdido, porque não sabe onde é a nova casa e não tem mais ninguém na antiga. Quando minha família se mudou de Esmeraldas, no interior de Minas, para Belo Horizonte, eu tinha dez anos e, de fato, viajei no caminhão de mudanças. Na cabine, não na carroceria, com o coração apertado, sem ter idéia de como seria a vida na capital. Não houve nenhum transtorno na viagem propriamente dita, mas, vida afora, me acompanha a sensação de que fiquei pelo meio do caminho. A casa velha não pertencia mais à família; a nova, as novas, por alguma razão, nunca foram totalmente minhas. Não é por acaso que nunca parei de ter sonhos que, de alguma forma, envolvem a casa em que nasci e onde vivi até os dez anos. Não há nisso nenhuma elucubração pretensamente psicanalítica, só essa sutil identificação com o cachorrinho que caiu do caminhão de mudanças.

Meu retorno de Brasília, depois de trabalhar exatamente um ano no governo Lula, foi um processo lento. Acho que começou no dia em que desembarquei no aeroporto da cidade, em 6 de janeiro de 2003. Quando finalmente acertei meu retorno, já no final do ano, enviei mensagens a várias pessoas dizendo que eu era mineiro demais para ficar tanto tempo longe das montanhas. Era a mais pura verdade.

Outra coisa que o "bruxo" Henrique tinha dito à minha filha era que eu teria um problema de saúde, que ele, inicialmente, vinculou a questões circulatórias. A rigor, prever que uma pessoa submetida a uma carga hercúlea de trabalho, como seria natural no primeiro ano de um governo como o de Luiz Inácio Lula da Silva, teria algum problema de saúde, era quase óbvio. Só que o buraco é mais embaixo. No livro *O mal secreto*, Zuenir Ventura conta como a mãe-de-santo Marlicene avisara que precisava conversar sobre ele, Zuenir, que assim descreveu a situação:

"E o que você ia dizer?", perguntei, já agora ansioso.

Com a ajuda de gestos, ela descreveu o que vira em mim. "Você tinha uma coisa ruim por aqui", disse, fazendo um gesto amplo com as duas mãos sobre o próprio corpo, tentando abarcar a região que queria mostrar. "Por aqui", repetiu, enquanto alisava o estômago em movimentos horizontais.

"Aqui onde? No estômago?", eu insisti.

"Mais embaixo", ela precisou. "Você tava como se estivessem enforcando você por dentro."

Achei esquisita a coincidência. Será que ela sabia de alguma coisa, tinha alguma pista? Era impossível. Não tinha como saber de minha operação, nem de minha doença. Já não conseguia mais esconder minha curiosidade, quando subitamente ela me desconcertou mais ainda. Mesmo agora, me arrepio contando.

"Que mais você viu, Marlicene?", perguntei, desafiando-a.

"Vi muito sangue", ela respondeu e me olhou nos olhos. Havia alguma coisa estranha no seu olhar que me fez baixar o meu. Ela então repetiu: "Muito sangue."

Não sei se percebeu o meu susto, mas logo em seguida seu rosto voltou a ficar risonho e ela procurou me tranqüilizar: "Agora tá tudo limpo."

Nos dias da confusão do meu diagnóstico, manifestei a Isadora meu desejo de estar com o "bruxo". Ela tinha um horário marcado para 2 de março, exatamente o dia seguinte à decisão quanto à troca de cirurgião. Como a maioria das pessoas, nunca acreditei em bruxas, mas sempre soube que elas existem. Isadora me acompanhou ao Centro. Entrei no ambiente ocupado pelo pai-de-santo num estado que eu não saberia definir, alguma coisa entre nervoso, ansioso, curioso e temeroso.

Era um grande salão, o mesmo local onde se realizavam as sessões coletivas no Centro. Entre as cadeiras dos participantes e um altar com imagens e símbolos variados, ficava a mesa onde Henrique manuseava seus búzios. Antes de me autorizar a sentar à sua frente, me perguntou o nome completo e data de nascimento. Em seguida, foi jogando os búzios e falando. A partir daí, sei definir exatamente como fiquei: perplexo.

O "bruxo" Henrique disse que o mal que me deixava tenso e angustiado estava contido, que não havia metástase, e que o encaminhamento estava correto. Eu deveria fazer a cirurgia, como previsto. Perguntou pela data prevista. Respondi que seria no dia 11 ou 12. Ele disse que "caminhava" para ser no dia 11 e que era uma data perfeita. Recomendou que eu avisasse ao Centro o dia exato, para que eles pudessem rezar por mim.

Previu que correria tudo bem, da anestesia ao restabelecimento. Perguntou se eu tinha alguma dúvida sobre a cirurgia. Respondi que temia seqüelas. Ele jogou os búzios e previu que não ficariam seqüelas, citando especificamente incontinência urinária e impotência sexual.

Perguntou o nome do cirurgião. Respondi: "Dr. Jurandir." E informei que eu tinha trocado de médico.

— Você escolheu pela intuição, mas a troca foi "guiada" — disse o pai-de-santo. Ele explicou que o terceiro médico era quem tinha me dito "a verdade", o "preto no branco". Disse que a energia dele estava toda positiva para me operar (entendi como uma espécie de afinidade energética entre paciente e cirurgião. E lembrei da frase do médico: "Já aleijei muita gente").

Na seqüência, ele perguntou em qual hospital seria a cirurgia. Dei a informação e ele disse-me que o Hospital Vera Cruz era o lugar em que o Dr. Jurandir sentia-se bem. "Lá é o ambiente dele." Eu continuava perplexo. Afinal, uma das principais razões que me levaram a optar pelo Dr. Jurandir era exatamente porque ele operava há 25 anos no mesmo hospital. Eu pensava assim: "Até o porteiro deve ser amigo dele." E o próprio cirurgião tinha me dito que gostava era de operar lá. Dr. Jurandir me dissera que não concordava com o que chamou de "médico itinerante", um profissional que opera em vários hospitais.

(Quando, três dias depois, estive com o Dr. Jurandir para levar o relatório de risco cirúrgico e receber as instruções para a internação, tive vontade de contar a ele o que dissera o pai-de-santo. Mas, me controlei. Limitei-me a dizer: "Acho que sua energia está positiva para me operar." Ele respondeu: "Está mesmo. Estes dias está dando tudo certo no meu trabalho.")

O "bruxo" me informou, também, que não havia nenhum "trabalho" feito contra mim, tipo inveja, mau-olhado ou sei lá o quê mais. Disse que eu não estava carregado. Ao contrário, estava "limpo". E que minha doença era o resgate de dívida de vidas passadas.

"Não é nenhum castigo. É pagamento de dívida."

A "NOVELA" DE VERO

Eu com cirurgia marcada, escolhendo o cirurgião, e Vero do Bar aguardando a oportunidade de mostrar sua biópsia a um urologista. Mais de seis meses se passaram desde o resultado da biópsia até que ele, finalmente, tivesse o retorno marcado: 25 de maio, às 9 horas, no Hospital da Baleia.

Naquele dia, Vero não abriu o bar. Chegou ao local da consulta antes de 7 horas. Um longo corredor, com bancos de madeira, dando para a aprazível Mata da Baleia, em Belo Horizonte. Mas o local tinha uma posição horrorosa quanto ao sol da manhã, que batia em cheio nas dezenas de pessoas que aguardavam por consultas. O consultório da urologia, de número 11, era o último do corredor e os médicos estavam atrasados, porque antes de iniciarem o atendimento, passavam no hospital para ver os pacientes internados e coisas assim. Na porta fechada, um aviso: "Favor não bater. Aguarde a porta abrir."

Vero aguarda com paciência, enquanto reflete sobre sua situação e a da maioria dos homens que esperavam ali.

"Em seis meses, a doença altera bastante. A pessoa morre na fila, esperando para marcar. Pobre não tem vez, não."

Na "fila", casos e mais casos semelhantes ao dele. Ajonias Rosa Santos, de 68 anos, esperou 8 meses pela consulta, finalmente marcada para 20 de maio, às 15 horas. Ele compareceu ao hospital e descobriu que, naquele horário, não havia urologista. A consulta foi remarcada para o dia 25, às 8 horas. "E se for doença brava? Tem que operar", avisa. O pedreiro Almerindo Rodrigues Campos, de 66 anos, procura fazer o controle, apesar das dificuldades para conseguir médico, porque teme o pior. "Quando o sujeito fica velho, a próstata estoura e vira câncer. E, se virar câncer, é cemitério", ensina, de seu jeito.

O carpinteiro Lourenço de Souza Silva, de 55 anos, vivia um processo que se arrastava há dois anos. Com dores na hora de urinar, fez exame, que "ficou velho" por causa da demora para conseguir o retorno ao médico. Ele acabou pagando um ultra-som para não perder mais tempo. "Com a demora, o problema só vai agravando. O SUS é difícil demais. Na hora que cai no SUS, Deus me livre", lamenta ele.

Às 10h03min o primeiro paciente foi chamado. Dois médicos passaram a atender. Exatamente às 10h14min, chegou a vez de Vero do Bar. Apenas seis minutos depois, às 10h20min, ele saiu do consultório. Estava concluída a consulta que ele aguardara por longos meses.

"O médico falou que vou repetir esse exame que está dando alteração. Numa parte está dando suspeita de câncer. Então, ele falou para repetir o exame", conta Vero, que não escondia que estava assustado. Nas mãos, um pedido de nova "ultra-sonografia transretal com biópsia de próstata" assinado pelo Dr. Edmilson Celso Santos. Na justificativa clínica, o médico escreveu: Biópsia de 01/12/03 — base esquerda FORTE SUSPEITA DE CARCINOMA, com o grifo e as maiúsculas. Vero esperou mais de seis meses para entrar de novo na fila. "Vai recomeçar a novela", resigna-se ele, que pretendia, no mesmo dia, levar o pedido ao Centro de Saúde para solicitar a marcação.

Daquela vez, o médico, na consulta, disse a palavra câncer com todas as letras. Foi isso que perturbou Vero. "Quando ele falou câncer, eu assustei. A gente assusta. Agora, eu já sei que, se tiver alguma coisa, é o tal do câncer", encara, desejando que, desta vez, o exame não demorasse "esse tantão".

Vero conta também que o médico percebeu a reação dele diante da palavra câncer. "Ele ficou preocupado, achando que eu vou ficar desesperado." O médico recomendou muito que ele não deixasse de fazer o exame e disse: "Vamos repetir o exame para a gente cuidar disso direitinho."

Em suas palavras, Vero do Bar mostra que tem consciência da situação. E dá sinais de que, mesmo evitando falar a palavra câncer e afirmando não saber o que significa carcinoma, vinha pensando sobre o assunto. "Não pode demorar muito para começar o tratamento. Tem que iniciar enquanto tá brando", ensina ele que, no fundo, gostou de o médico ter falado com franqueza. "É melhor o médico falar, porque aí a gente já sabe: eu vou operar esse 'trem' ou não vou."

Mesmo assim, ele condiciona a decisão de se submeter à cirurgia a informação e reflexão. "Aí vou pensar um pouco. Não quero operar indeciso. Já vi na televisão que a solução é operar. Medicamento ajuda muito, mas tem que operar." Na próxima consulta, avisa, vai apresentar suas dúvidas ao doutor. "Vou perguntar tudo para ele. Será que remédio resolve? Será que vou ficar bom?"

A partir daquele encaminhamento, com o pedido para Vero fazer nova biópsia, senti um conflito ético. Temi que, se a demora no atendimento causasse prejuízos à saúde de Vero do Bar, alguém poderia entender que eu explorara o drama dele de forma inconseqüente. Tomei, então, a decisão de procurar a Secretaria Municipal de Saúde para comunicar, formalmente, que estava acompanhando o caso daquele cidadão.

Em 31 de maio, compareci à Assessoria de Comunicação da Secretaria para informar sobre a minha pesquisa e sobre o fato de estar seguindo a "novela" de Vero do Bar. Não pedi prioridade para o caso dele, nem tentei influenciar o fluxo de marcação de consultas e exames. A Secretaria que fizesse o que achasse conveniente.

Posteriormente, recebi um fax da Secretaria com o levantamento da situação dele. A gerente do Centro de Saúde Vila Cemig informava que uma consulta havia sido marcada para Vero no dia 20 de janeiro de 2004, no mesmo Hospital da Baleia, e que ele não comparecera. A própria gerente tinha procurado Vero, que afirmara jamais ter sido comunicado sobre aquela consulta de janeiro.

A nova biópsia de Vero foi finalmente marcada para as 11 horas do dia 26 de julho de 2004, uma segunda-feira. Ou seja, exatamente dois meses depois da segunda consulta com o urologista. E oito meses depois da primeira biópsia.

Antes de ir fazer o exame, Vero comentou: "Deus ajuda que dá tudo normal."

No dia 26, Vero não abriu o bar e chegou pontualmente ao local do exame. Mas, quando o recepcionista foi checar se ele tinha feito corretamente o "preparo", a decepção. Vero tinha entendido mal as instruções e tomado os medicamentos preparatórios de forma completamente errada. Por isso, não estava em condições de fazer a biópsia. Na sua dificuldade com as letras, trocou os papéis com as instruções e, mais uma vez, foi vítima da própria condição.

Ele voltou para casa com nova marcação, para o dia 16 de agosto. Praticamente um ano depois do resultado do exame de PSA. Até chegar a nova data da biópsia, mais 20 dias se somariam à novela de Vero do Bar, que parecia longe do final. Novela dele e de milhões de brasileiros.

A "novela" de Vero do Bar expõe uma estrutura que inclui, no outro extremo, a possibilidade de quem tem dinheiro. O Dr. Jurandir refere-se a pessoas "endinheiradas" que querem obter do médico, por exemplo, a garantia de que não ficarão impotentes com a cirurgia. Como o médico não pode dar tal garantia, diz Jurandir, elas vão operar fora, seja em São Paulo, seja nos Estados Unidos.

Brasília dá câncer

Quanto à causa de um câncer, sabemos que a medicina pouco conhece. Quanto ao desencadeamento de uma doença, o Dr. Jurandir tinha uma opinião bem própria. Ele me afirmou que não tinha nenhuma "prova", mas que sua experiência de 35 anos o autorizava a dizer que processos de forte estresse, situações limites, grandes traumas podiam fazer desencadear quadros doentios. Para ele, um ano de trabalho estressante poderia, sem dúvida, ter contribuído para fazer surgir ou se desenvolver o tumor, o que não significava, em absoluto, que eu estaria livre dele se levasse uma vida pouco estressante.

Isso tudo tinha sentido para mim, porque eu fazia uma ligação clara de causa e efeito entre a morte do meu pai, em 1986, e o surgimento de uma hipertensão que, sabia eu, me acompanharia vida afora, com câncer ou sem câncer. Eu, provavelmente, não morreria da hipertensão, mas morreria com ela.

Essa história, de novo, me levava a "brincar" com coisa séria. Eu dizia para meus amigos:

— Peguei câncer em Brasília.

Aos que estavam trabalhando lá, eu advertia:

— Cuidado. Brasília dá câncer.

E esgrimia argumentos aparentemente sérios, dizendo que o mal estava justamente na área da Comunicação de governo. Lembrava que o ministro Luiz Gushiken, que eu assessorara, tivera câncer de estômago. É verdade que foi em 2002, quando ele residia no interior de São Paulo, mas eu não queria perder a piada. O então secretário de Imprensa da Presidência da República, Ricardo Kotscho, já em Brasília, tivera problemas na tireóide, felizmente benignos. E o adjunto dele, Tom Timóteo, não resistira a um câncer na medula e falecera no final de 2003, abalando todo o grupo.

O ministro Gushiken, quando soube de minha doença, também não perdeu a piada: "Já tive três", mandou dizer. (De dois eu sabia: em um testículo, na juventude, e no estômago, dois anos antes. Acho que o terceiro ficava por conta do entusiasmo dele ao falar do assunto.) Depois que eu estava operado, o ministro me disse que, perto do dele, meu câncer era "fichinha". Era mesmo.

Voltando à consulta com o bruxo Henrique, depois de ter previsto o sucesso da cirurgia, no final da sessão ele determinou:

— Volte aqui em junho completamente restabelecido.

Fiz as contas. Eram mais ou menos 90 dias. Se, de fato, depois de três meses eu tivesse descoberto, enfrentado e me livrado de um câncer, se estivesse completamente restabelecido, tocando minha vida normalmente, teria mil motivos para celebrar.

"Eu xinguei Jesus"

O pouco conhecimento dos leigos sobre o câncer e a aura de mistério que cerca a sua origem levam as pessoas a apontarem as razões mais diversas em tentativas de justificar a doença. "O câncer apavora, porque é aparentemente sem causa. E enquanto sua causa não for identificada e isolada, ele será visto como uma fatalidade", escreveu Marie-Paule Dousset, no livro *Vivendo durante um câncer*.

"Alguns associam a trauma. 'Ah, eu tomei uma bolada, uma pancada no ônibus. Câncer de próstata? Nossa, andei de bicicleta minha vida inteira. Todo mundo tem que achar uma causa", explica o oncologista Fábio Peixoto.

Cirilo demonstra ter esse temor citado pelo médico. "Eu ando muito de bicicleta. Eu tive um probleminha no canal da urina e falaram que poderia até causar um câncer. Até comprei outro tipo de selim."

Para as assistentes sociais da unidade de cuidados paliativos do Inca (HC-4), os pacientes sempre se perguntam: "Por que isto está acontecendo comigo?" No caso dos que têm câncer de cabeça e pescoço, muitas vezes associado a trajetória de alcoolismo e abandono da família, costuma vir junto uma revolta.

"Quando surge a doença, ele se reaproxima da família, porque precisa de cuidados. Aí, tem que arrumar um culpado; por que aquilo aconteceu com ele? Como se ele nunca tivesse bebido, como se nunca tivesse tido uma vida desregrada. A culpa é de fora", relata Teresa Cristina Oliveira.

A psicóloga do Inca Maria Cristina Maia identifica a religiosidade como um dos fatores que interferem nessa busca de uma causa. "Existem algumas religiões que reforçam essa questão de culpa. Se não vindes a mim pela fé, então virás pelo câncer. A frase que ouvi foi essa. Outra questão que aparece é o sentimento de raiva. A gente tenta desmitificar. O câncer de mama é do lado do coração. E na realidade não é. Acontece dos dois lados."

Nos grupos de pesquisa, a relação de causa passa muito pela raiva, pelo rancor. Quem guarda mágoa e rancor estaria mais propenso a ter câncer.

"Acumula as coisas e tudo tem a ver. Minha amiga fala: não fique com raiva, não guarde mágoa. Eu não guardo mágoa de ninguém. Ok, eu brigo, mas não guardo raiva", avisa Cátia.

"Acho que é um vírus que a gente nasce com ele e, com o tempo, ele vai desenvolvendo ali. Essa palavra câncer, igual a aids, a medicina vê aquela doença que aparece no ser humano e eles arrumam um nome para aquela doença. Eu acho que é inevitável, porque a pessoa já nasce com aquilo. Só que leva muito tempo para aparecer e, quando aparece, a pessoa não tem nem como, já está naquela fase terminal", diz Clarice.

"Segundo explicação que meu médico me deu, palavras dele, todo ser humano nasce com células positivas e células negativas. Chamadas células boas e células ruins. E, ao longo de nossas vidas — acontece que temos aí bebês com câncer, crianças com câncer — o câncer não tem hora para aparecer. Algum agente externo, alguma coisa, não sei se pode chamar de agente externo, alguma modificação que surge e vai ativar essas células negativas, que são as células cancerígenas. Alguma coisa externa, ou interna, não sei, uma depressão, uma amargura, um alimento com conservante, alguma coisa desencadeia o crescimento da célula cancerígena. E onde vai aparecer? Naquele lugar que estiver mais fraco. A explicação é essa", ensina Camila, com a autoridade de quem enfrentou um câncer.

Para Dagmar, o que causa câncer é melancolia, tristeza. Mas ela acha também que é hereditário, de família. E lembra que quando uma pessoa chega ao consultório do médico, ele logo pergunta as doenças que tem na família. Já Delma tem uma outra explicação:

"Cigarro provoca câncer. Feridas crônicas, se a pessoa não cuidar, causam câncer. Se a pessoa tiver um machucado em qualquer parte do corpo, aquilo fica ali incubado, desenvolve um câncer. Conheci um rapaz de 19 anos que morreu assim. Cortou um pedaço da perna que deu câncer, depois cortou a perna toda, depois que tinha que vir até aqui em cima, mas não ia livrar o câncer de alastrar. Ele falou que não queria. No fim, ele morreu, rapaz novo, bonito. Machucou, não cuidou, provocou câncer."

Enquanto Dalmo aconselha que todo mundo faça prevenção, uma "revisão" periódica, Davi diz que não tem idéia de como um câncer "brota":

“Da minha parte, fico meio sem jeito de explicar como brota um câncer, sabe por quê? Porque é o seguinte: um vizinho meu, ele era pastor da igreja e foi uma coisa sem explicação, foi uma coisa de uma hora para outra. Passou mal em casa e, quando chegou no médico, câncer. Ele não fumava, não bebia, nem nada. E morreu. É uma coisa que eu fico sem saber por isso.”

Para Aurélio, “até desodorante” estão descobrindo que pode causar câncer. Ele atribui o surgimento da doença a “um descontrole celular”. Antenor trilha os mesmos caminhos de Camila para explicar, mas tem dúvidas. “Eu li uma vez uma entrevista com um oncologista dizendo que todos nós temos o câncer. Uma célula lutando contra a outra a vida inteira e determinados fatores fazem com que umas sejam malignas e superem as outras. Provavelmente, estilo de vida, exposição, mas criança também tem e não fuma.” Ele considera que é preciso analisar a família, “a árvore que está por trás” de cada um, para ver se existe a predisposição.

No meio do debate, Amado, refletindo sobre seu próprio câncer, ainda busca a explicação.

“Eu desenvolvi essa doença. De um modo geral, alegria e tristeza. Eu sou divorciado, pai de três filhos e foi uma situação assim: eu não casei para me separar e, no entanto, casei e quis separar. Eu quis essa separação porque eu não estava feliz. Acho que a melhor forma que as pessoas têm que procurar é cada um viver do jeito que gosta e ser feliz. Eu tentei fazer isso. Mas, às vezes, a gente se prende a muitas coisas e não é feliz. Então, a infelicidade... Eu, com certeza, nesse período de três, quatro meses da minha separação, tive um sentimento de culpa muito grande, fui muito massacrado. Eu sempre pratiquei esporte, fazia musculação, nunca fui sedentário. Então, o sofrimento, a infelicidade de um modo geral, a angústia, faz com que o ser humano fique predisposto a desenvolver alguma coisa."

No grupo de Carlos e Cirilo, a discussão foi assim:

— O câncer é uma célula adormecida que, a qualquer momento, pode desenvolver. Às vezes, não tem nada hoje, amanhã ela desenvolve e você está doente.

— Tem gente que nunca bebeu, nunca fumou, pratica esporte, mas morreu de câncer.

— Você não viu o Leandro e Leonardo? O Leandro. Aparentemente o cara não tinha nada, de repente, o cara fica careca e morre.

— Tem um amigo meu que a família toda morreu de câncer. E o médico falou que o filho dele também pode morrer de câncer. Então, o filho toma medicamento prevenindo para aquela doença não desenvolver.

— E será que vai surtir efeito?

— O que explica criança que já nasce com câncer?

— Tá na genética.

— A diferença com a aids, por exemplo, é que a aids você pode prevenir. Agora, o câncer não pode prevenir. A medicina não sabe explicar como.

De sua parte, sem explicação para a doença e morte prematura de uma filha com câncer, Clarice conversou com Deus.

— Conheço uma senhora que deu câncer no rosto. Ela tratou e curou. Mas quando a minha menina morreu, que eles falaram que não tinha cura, falaram: "Vai na igreja que

Deus cura." Ah, gente, depois que minha menina morreu, fui na igreja com minha irmã, eu levantei e falei: "Vou embora. Jesus não tem culpa de nada, eu estou revoltada e vou xingar Jesus." No dia que ela morreu, eu xinguei ele. Mas eu sei que ele não escutou, que ele estava vendo meu sofrimento. Eu xinguei mesmo. Falei: "Senhor, tanta gente velha, caindo aos pedaços, precisando de morrer, o senhor levou minha filha, com 21 anos, com a vida toda pela frente?"

— Depois a senhora arrependeu? — questionou Cátia.

— Minha família é evangélica, eu não, sou católica. Eles falaram comigo assim: "Mas aquele tá pagando os pecados dele e sua filha Deus levou porque era uma flor." Era uma menina muito boa mesmo. "Ele gosta das coisas boas, ele não quer coisa ruim. Aquele ali tinha que pagar os pecados dele." Eu falei: "Mas deixava minha filha boa comigo."

Mais tarde, Clarice continua seu diálogo com Deus.

— Eu pedi perdão a Deus, que eu tinha xingado ele. Minha mãe tinha um modo de dizer: "Ah, ele não escuta pobre xingar, não. Pode xingar. Ele escuta os ricos." Agora, estou aqui esperando o que Deus prevê para a outra filha. Esses dias mesmos eu estava conversando com ele e falei: "Senhor, o senhor já levou uma. Agora, já pensou se levar a outra? A outra tem dois filhos também. Eu vou viver o quê, criando neto? Já criei os filhos todos, agora vou criar os netos?"

Amália também se desentendeu com Deus quando uma irmã dela teve um processo de câncer que a matou em 24 dias.

— Você nem imagina como eu reagi. Quando eu a via antes do diagnóstico, já tinha uma idéia de que seria câncer.

Mas quando foi confirmado, sabe quando você desaba? Eu cheguei a falar: "A minha irmã? Uma pessoa de bom coração, antimaterialista, jovem, bonita, formada em jornalismo, superquerida, uma pessoa boa." Ela só usava ouro. Se você visse um brinco na orelha dela e falasse: "Nossa, que brinco bonito." Ela, tum, "toma procê". Eu falei tanta abobrinha dentro do táxi — que eu não tinha condição de dirigir — que o motorista falou assim: "Peraí, vamos brincar de ficar calmos? Você não acha que está pegando pesado demais, não? Você não acha que Deus sabe o que faz?" Eu falei: "Não. Não quero falar de Deus. Quero falar dessa injustiça agora." Eu saí completamente do sério, do meu normal. E olha que me considero uma pessoa preparada. Imagina se eu não fosse. Está fazendo três anos, me pergunta se eu já acostumei com a perda dela. Não acostumei. Eu cheguei a dizer: "Por que Deus não fez isto para mim e foi fazer para ela?" Uma bruta de uma ignorância, né? Hoje consigo ver por outro ângulo. Sei que Deus foi muito misericordioso com ela, porque foi pouco o sofrimento.

Jairo, o anestesista

Tudo decidido, restava aguardar o dia da internação. Cortei os cabelos e recomendei à minha mulher que, no hospital, queria fazer a barba todos os dias, mesmo que estivesse limitado à cama. Vaidade? Talvez, mas, principalmente, para diminuir a aparência de abatimento, fraqueza e doença. Pedi a ela, também, que se eu ficasse "viajando" e falando coisas sem sentido depois da anestesia, que ela proibisse visitas. Era um direito meu não ficar exposto e indefeso ao mesmo tempo.

Trabalhei normalmente na PUC na segunda, terça e quarta. A quarta-feira, por coincidência, foi um dia especialmente agitado, em que mal tive tempo de almoçar, apesar de já ter a recomendação da fazer dieta líquida para a cirurgia. Por volta das 14 horas, dei um pulo em casa para ingerir uma sopa. Depois, retornei à PUC e lá fiquei até 16h30min, hora marcada para a internação. Na saída, disse aos monitores do jornal laboratório *Marco*:

— Pessoal, vou dar um pulinho ali num hospital e volto em 15 dias. — Eu podia perceber que eles estavam tensos diante da minha situação, mas riram.

Cheguei ao Hospital Vera Cruz, com Suzana me acompanhando, por volta das 17h30min. No curto trajeto entre minha casa e o hospital, fiquei olhando pela janela do carro, para que Suzana não visse as lágrimas em meus olhos, mesmo sabendo que ela sabia que eu estava chorando. Era uma das vezes em que o câncer com todas as letras e acento circunflexo no A me levava às lágrimas.

Na primeira visita, o cirurgião-assistente Ricardo Prates entrou no quarto em que estávamos Suzana, Malco e eu. Ele perguntou:

— Quem é o paciente?

— É ela — respondi, apontando Suzana, a única pessoa naquele local que não tinha próstata.

Lavagem intestinal, raspagem, orientações etc. e tal. Um comprimido qualquer para dormir e chegou a manhã seguinte. Pouco depois das 7 horas, fui em paz para o bloco cirúrgico, onde me apagaram logo. Quando abri os olhos, ouvindo meu nome repetidas vezes — "Maurício, Maurício" —, estava junto a uma parede onde um relógio redondo marcava 11h30min. Alguém me avisava que a cirurgia tinha terminado e que estava tudo bem. Ouvi a voz de Suzana e temi falar. Sabia das "viagens" que anestesia geral provoca. Mas ousei comentar que estava ouvindo a voz dela. E era mesmo. Ela estava na porta da sala buscando o material que levaria para a biópsia posterior à cirurgia, conforme combinamos anteriormente com o cirurgião.

Percebi que colocaram outra pessoa operada numa maca ao meu lado. Penso que era uma mulher, mas de novo tive medo de me manifestar e dizer coisas sem sentido. Depois, alguém me acordou novamente e perguntou:

— Maurício, você sabe quem eu sou?

— Jairo, o anestesista — respondi, surpreso com minha segurança, porque tinha conhecido o anestesista apenas quando cheguei ao bloco cirúrgico.

— Você pode ir para o quarto — determinou ele.

Eu tinha passado no teste de lucidez, se aquilo foi um teste. Depois, brinquei que, se tivesse dito que ele era, por exemplo, o Pato Donald, estaria lá até agora. Olhei o relógio redondo da parede. Tive dúvidas se eram 12h30min ou 13h30min. Perguntei, mas não me lembro de alguém ter me informado. Depois, soube que subi para o quarto às 12h30min. Fiquei mais dormindo que acordado o resto do dia. Não mudei de posição até o dia seguinte. O ar condicionado do quarto ajudava muito, mas eu temia que o ar fresco me causasse tosse ou espirros, por causa da dor que isso provocaria.

Na sexta-feira, surgiram novidades como náuseas e fiquei o dia inteiro em jejum. No máximo, passavam um algodão embebido em água na minha boca. E isso costumava ser o bastante para eu sentir náuseas. Ansiava por um banho e estava orientado a levantar-me aos poucos, por causa das prováveis tonteiras. Fiz um esforço para sentar na cama e agüentei poucos minutos. Me senti péssimo, mas não desisti. Pouco tempo depois, tentei novamente e fui conseguindo. Imaginava caminhar até o banheiro, mas fui para o boxe sentadinho naquelas cadeiras próprias para banho de pacientes, conduzido por uma enfermeira. Minhas pernas estavam "perras", expressão com que minha mãe costumava definir o peso e a pouca mobilidade que sentia nos membros inferiores nos últimos meses de sua vida. Eu estava completamente dependente.

No meio da tarde, o cirurgião-assistente passou no quarto e informei a ele que estava sentindo dores no abdômen. Ele me avisou que eram gases e que, se eu ficasse só deitado, eles aumentariam. Cometi, então, a extravagância de caminhar (ou me arrastar) pelo corredor apoiado no suporte do soro, que tinha rodinhas. Mais tarde, o Dr. Jurandir protestou. Para o primeiro dia, era muito.

Só no final daquela sexta-feira comi um biscoito cream cracker. Tinha soro, dreno e sonda ligados ao meu corpo.

No início da noite de sábado, uma enfermeira muito jovem, em início de turno, mediu minha pressão e comunicou:

— Sua pressão está alta. Vou avisar ao médico de plantão.

Na seqüência, tirou o termômetro debaixo do meu braço e informou:

— O senhor está com febre.

Foi um empurrãozinho que, acho, estava precisando para ficar deprimido. Fui ao chão, a ponto de não conseguir dizer nada. Suzana convidou:

— Fala.

E não falei. A dor que doía não era da cirurgia. Não havia remédio prescrito para dormir. Tive medo da noite. Tomei um Lexotan clandestinamente.

No domingo, a febre tinha desaparecido e a pressão voltara a níveis normais. Eu tinha esperanças de receber alta. Mas o dreno ainda estava cumprindo sua função e era ele o determinante. Retirado o dreno, o paciente poderia ir para casa. Passei um domingo tranqüilo no hospital, reclamando apenas que, o dia inteiro, o dreno não serviu para nada. Eu poderia ter ido embora.

Um chá de dente-de-leão que uma amiga recomendara estava ajudando muito a aliviar os gases. Na verdade, foi um alívio quando o intestino deu sinal de vida e eu passei a soltar puns sonoros e fartos. Para fazer o chá, Suzana pedia água quente na copa do andar. Contei ao Dr. Ricardo sobre o chá clandestinamente introduzido no hospital. Argumentei que ele fazia mais efeito que o Luftal que as enfermeiras me davam regularmente. O médico riu.

A segunda-feira não demorou a chegar. Estava em casa, convalescente, um dia antes de completar um mês desde o diagnóstico. Nesse tempo, eu tinha vivido (ou vivenciado) uma vida.

A BOLSA OU A VIDA

A constatação de que o pior do câncer de próstata é a possibilidade da impotência sexual é comum aos homens e às mulheres, mas as semelhanças param aí. Quando a discussão avança, aparece uma espécie de preconceito cruzado. O homem acha que os relacionamentos não sobrevivem ao fato consumado da impotência; as mulheres discordam. A mulher, por seu lado, acha que os homens preferem morrer a perder a virilidade; os homens discordam.

"Para eles, isso é a morte", aposta Amália.

"O homem em geral é muito machista. Ele acha que o sexo na vida é em primeiro lugar. Analfabetos, escolarizados, curso superior, sexo em primeiro lugar", garante Cátia.

Analfabetos, escolarizados, curso superior, de classe baixa, média ou alta, eles tendem a acreditar que, sem a virilidade, sem um pênis ereto, o casamento acaba. Nas classes D/E, Dalmo e Davi dizem assim:

— Ela vai chifrar ele. Ela não agüenta. Ela tem relacionamento com o marido, o marido vai e acaba a potência, como é que ela vai ficar? Acho que ela não consegue mais. Ter um marido só para dormir ao lado dela?

— Se for uma esposa nova, ela vai pôr chifre no cara mesmo. Uma menina nova, casada, tem seus 30 anos, ela não vai ficar muito tempo sem fazer nada. Uma mulher que já tem seus 59 anos, 70 anos, já vai aceitar o marido, mas pela idade dela.

— Eu, no meu caso, se acontecesse comigo, eu liberava a mulher. Falava: "Oh, minha filha, a partir de hoje você faz o que quiser, mas acabou."

— Ah, aí não.

— Sei de um caso que uma mulher largou o marido.

— Vai ter uma transformação muito grande, pra pior. Vai trazer inclusive uma depressão.

— Para o homem é difícil. Só de saber que ele não presta mais praquilo.

— Aí eu queria ver o amor da mulher.

— Ele falou que queria ver o amor da mulher. Só me explica uma coisa: na geração de hoje que nós estamos vivendo, como é que a gente consegue confiar? Não tem jeito. A gente mesmo prejudica a gente, só de saber que está impotente, perde a confiança geral.

— A geração de hoje tá muito pesada. No mundo de hoje, a maioria das pessoas vai muito através do sexo. As pessoas estão separando rápido.

— Se isso acontecesse com a mulher, o homem também seguraria as pontas? Claro que não. A mulher ou homem tem sua fantasia sexual. Até uma certa idade, com certeza ela quer ter a experiência, quer realizar a fantasia. A partir dos 35, 40 anos, ela se sente realizada, sente a possibilidade de honrar porque ela já teve na vida a experiência, a realização. Agora, a maioria...

— Eu duvido um homem que faz sexo com uma mulher só. É quadro que já é verídico. É difícil existir um homem que não traia a mulher. Isso já vem no sangue dele. Se a mulher comparar com o homem, o que que vai virar?

— Minha mulher está com 59 anos e toma três tipos de remédio, só remédio forte. Aí, quando chega na hora e tal, de dormir e tal, eu vou procurar ela, ela tá gelada por causa dos remédios. Anestesia toda. Eu não fico só com ela. É a mesma coisa. A mulher não vai agüentar, os homens também não agüentam.

— Ele libera a mulher ou não libera?

— Ohh!

— Ah, não. Eu não.

— Eu não libero não.

— Vou ficar dentro de casa sabendo que a esposa tá lá fora? Nossa mãe, misericórdia.

Já Dagmar e Delma, da mesma condição socioeconômica, pensam assim:

— Eu acho que as mulheres aceitam mais fácil o companheiro não funcionar do que ele. Cobram muito das mulheres, mas as mulheres não cobram muito do homem, não.

— A gente aceita mais fácil. Eles jogam na nossa cara: você tem outro na rua? Porque o homem, se você não deitar e fazer sexo com ele, ele diz logo: "Ah, você tem que ir ao médico porque está com problema."

— Eu aceito tranqüilamente. Eu não tenho problema nenhum, porque o sexo não me faz falta.

— Eu daria graças a Deus. Quem teve marido, homem ou namorado que bebe, sabe muito bem. Eu agüentei 25 anos. Tem sete anos que separei dele. Ele não está agüentando nada. Chega em casa e começa: "Ah, mulher, vão dormir, vão dormir." Não está agüentando porcaria nenhuma. Tenta, tenta e não faz nada. Você enjoa, fala: "Some da minha vida."

No outro extremo, nas classes mais altas, Amado, Aurélio e Antenor continuam achando que o mais provável é o casamento "dançar":

— Se você está numa idade sexualmente ativa e sua mulher também, com certeza, você se separam, com certeza.

— Eu penso assim: sexo é uma necessidade tanto masculina quanto feminina. Você sabendo que é impotente, você conhece a mulher que tem. Não é nada mais justo que falar assim: "Olha, vamos viver, vamos separar, vamos ser amigos, porque infelizmente não vou poder mais suprir sua necessidade." A não ser que ela fale: "Não, vou ficar com você, não interessa. Você tem que procurar dar essa abertura."

— Você fala assim porque não passou pelo problema.

— Por mais que ela aceitar, você tem o orgulho, né?

— Eu tentaria agir normalmente. Não adianta você falar, tem que viver a realidade para saber.

— Vai muito do tipo de pessoa. Não adianta falar: "Ah, a natureza." A mulher não tem essa coisa de que sexo tem que fazer. Pode conviver com um homem sem fazer sexo.

— Eu não sei, isso é muito subjetivo. As mulheres têm uma capacidade maior de lidar com a ausência de sexo. A mulher lida melhor com isso. Com a gente, a palavra impotência é um terror. Tem história da esposa que está com dor de cabeça. A gente brinca que não conhece nenhum cara que fala que está com dor de cabeça. Pode não estar com vontade de transar, mas se perguntar se quer, todo mundo sara a dor de cabeça na hora. Geralmente, as esposas são mais companheiras.

De fato, Amália e Araci dizem que são mais companheiras e colocam outros fatores na discussão:

— Tem mulher que é muito fiel.

— Depende do relacionamento dos dois. Se é um relacionamento legal, bacana, a mulher pode se transformar numa irmã dele. Dar segurança para ele de que não vai arrumar outro. Se o relacionamento até aquele ponto não foi uma troca, o homem vai pirar.

— Depende muito também da idade. Se for um homem idoso, uma mulher já idosa...

— Meu marido tem 60, eu estou com 57. Nós temos 33 anos de casados. O relacionamento já é tão assim de camaradagem — tem sexo, claro —, que, se acabar, da parte dele, eu não vou incomodar, não.

— Vou ser feliz sem sexo. Pro homem, não é não.

— Eu vou arrumar outro? De jeito nenhum.

— Eu nem sabia que câncer causava impotência. Para o homem viver sem essa identidade dele, a masculinidade está ali no que ele tem entre as pernas. Ele olhou para uma bunda, o negócio... Isso pro homem de perder o documento dele é um horror.

— Eu seria muito companheira, mas ficaria muito triste.

— Eu ficaria triste também, mas seria companheira.

— Eu ficaria triste por ele, não por mim.

— Agora tem próteses.

— Eu iria correndo procurar esse recurso.

— Eu vou estar com 90 anos e gostando do "trem". Nem que seja uma vez no ano, na Semana Santa, sexta-feira da Paixão. Por favor, quando eu ficar velhinha, me coloca num asilo para eu não encher o saco de vocês. Mas, por favor: nem que seja para alguém coçar minhas costas de vez em quando.

— Eu tenho irmãs que é só duas por mês. Ah, não.

Carlos e Cirilo são de classes intermediárias e mostram capacidade de relativizar:

— Num relacionamento, você pode ficar 90 dias sem fazer sexo, mas você sabe que não é impotente. Agora, ficar 90 dias sem fazer sexo sabendo que você é impotente sexual, é difícil.

— É difícil mesmo.

— Pra você não é difícil, se já for impotente. Mas, e no caso da sua mulher?

— Ela não tem empecilho algum.

— Vou deitar, vou dormir, você vai lá, passeia. Vou continuar dormindo.

— O que você está falando aí? Você está equivocado.

— A partir do momento que você não pode, que está totalmente impedido, não tem como. Eles não têm alternativa. Tem lá o abraço, o beijo. Mas, de repente, a distinta quer o danado do "trem". O que você vai fazer?

— Tem que soltar ela.

— O homem é assim, ele tranca dentro do banheiro, pensa numa mulher bonita, gostosona, o pênis sobe. O que ele tem que fazer? Masturba. Agora, é difícil. Lembrou daquela mulher mentalmente e, lá embaixo, nada? É difícil.

— A mulher não precisa de pênis para sentir prazer. Para a mulher, não vai atrapalhar nada se o homem ficar impotente sexual. Agora, você perder os cinco dedos da mão, a língua... Ela não precisa do pênis do homem para sentir prazer. Às vezes, com o dedo você consegue fazer ela se satisfazer. E, às vezes, com o pênis você não consegue isso. Um cara tem o pênis desse tamanho, outro tem o pênis desse tamanhozinho. A mulher não precisa do pênis.

— Se você tem um relacionamento salutar num casal, não é porque o cara fica impotente que a mulher vai largar ele.

— Ela não depende do pênis do cara, não.

— Se tiver amor, está acima disso.

— A mulher vai aceitar. Já tem tempo que ela está casada com o cara, ela não vai querer sair só porque ele ficou impotente.

— Às vezes, o cara monta na mulher e ela sente mais prazer com o peito dele que com o pênis.

— Cada caso é um caso, não vamos generalizar. Tem mulheres que se agarram ao famoso consolo, outras ficam contentes com o que o marido pode lhes dar. Hoje em dia é muito difundida a troca de casais. Porque tem cara que não consegue dar prazer à própria mulher. É um relacionamento extraconjugal consentido.

— Não temos como falar se isso é traição, que ele é corno. Temos que acabar com um monte de coisas aí.

E o que pensam Camila, Clarice e Cátia, das mesmas classes sociais de Carlos e Cirilo?

— Meu ex-namorado teve câncer de próstata. Ele terminou o namoro comigo. Eu achei até estranho, não entendi. Falou: "A gente não se gosta mais." Eu falei: "Tudo bem." Aí que eu vim a saber pelo filho dele. "Você sabe o que aconteceu com papai?" Falei: "Não. Gosto demais de seu pai." "Ele não te contou nada? Ele teve câncer de próstata." Foi medo de afetar o desempenho sexual dele.

— Ele acha que ela vai trair, que vai procurar outro. Se ela saiu sem ele, já vai pensar que ela saiu para fazer uma compra, mas não compra nada. Se ela vê um desfile na televisão e comenta: "Nossa, que perna bonita." Vai pensar: "Ela está gostando de cara daquele jeito."

— Mesmo estando bem, eles ficam com ciúme.

— O marido da minha irmã deu derrame. Ele morre de ciúme dela e antes ele não tinha isso. Ela faz tudo pra ele. Se caso fosse com ela, ele já tinha largado dela.

— Quando o amor é puro, bonito, honesto e verdadeiro entre um casal, ela passa por cima disso tudo. Pode viver uma vida sem atrito, amorosamente. Sexo é complemento na vida do casal. Hoje o casal tem vários métodos, várias maneiras de se satisfazer sem o próprio marido. E a companhia é importante não é só no sexo. A companhia do marido no dia-a-dia é superimportante.

— Eu discordo. Acho que o sexo está em primeiro plano. Não tem como você ter um marido, um relacionamento, que não tem um sexo bom. No caso de impotência por doença é outro assunto. Aí pode até superar. Pela doença, sim.

— Você tem várias maneiras de se realizar sexualmente sem ser com seu marido.

Se os homens mostram essa enorme dificuldade para entender a sexualidade da mulher, elas erram redondamente quando o falso dilema "a bolsa ou a vida" é apresentado. Será que o homem prefere morrer a ficar impotente? Elas pensam assim:

— Melhor a morte do que a impotência.

— Meu segundo marido teve um problema cardiopulmonar, então, ele foi perdendo a virilidade. O sangue dele circulava mal. Ele ficou arrasado. Foi embora para Guarapari, se isolou lá.

— Existe quem prefere morrer, com certeza.

— Ele acha que não vai morrer, que é bobagem, que vai melhorar. Antecipar o viver sem para ele dói mais. Prefere viver com a doença e o negócio funcionando do que sem a doença e o negócio sem funcionar.

— O homem é muito animalizado.

— O meu prefere morrer. Aquela coisa antiquada, muita bobeira, muito machismo.

— Ignorância.

E eles, preferem morrer?

— Eu prefiro viver.

— Eu também, tá doido?

— Deve ter gente que prefere morrer.

— Se você não tem ereção, mas o tesão tá na cabeça. Vai ter outra coisa. Vai sentir prazer de outro jeito.

— O sujeito vai ter outra visão da vida. Se ele é ajudado, orientado, passa a fazer as coisas sérias.

— Entre viver e morrer, eu preferia viver.

— Tem muita coisa a ser feita.

— É melhor você seguir a vida, mesmo impotente.

— Pessoas que têm uma outra formação podem dizer: "Ah, não, vou ficar com essa doença e morro assim."

— É uma situação limite, complicada.

— Nem todos preferem morrer.

— Eu vou ser franco: eu prefiro correr o risco.

— A maioria prefere fazer a cirurgia. Uma escolha: fazer a cirurgia e viver e se curar. Ou deixar aquilo acontecer e sofrer muito mais.

— Um dia ele vai perder a potência mesmo.

— Eu ia sofrer pra caramba, mas...

— E tem remédio pra isso, tem Viagra.

— A pessoa prefere fazer a cirurgia.

— Além do remédio, tem tratamento.

— Eu sinceramente não saberia o que responder. Eu não sei se preferia a doença ou a impotência. Eu não sei o que é pior.

— É o seguinte: ou é perda total ou é perda parcial. No caso de ficar com a doença, você vai morrer e é perda total. No caso de você ter a oportunidade de continuar a viver, você vai ter a perda de uma parte.

— É uma adaptação, né?

Acostumada a lidar com a situação concreta em seu consultório do Inca, a psicóloga Maria Cristina de Menezes Maia observa que, depois da cirurgia, muitos homens ficam tão ansiosos que não conseguem nem perceber algum sinal de ereção. Ela identifica um processo de insegurança e a busca de uma verdade "que é dele" e tenta levar o paciente a um processo de conscientização sobre tudo que envolve aquela situação. No acompanhamento psicoterápico, "ele passa a tomar contato com esses sentimentos e essas sensações da maneira melhor que pode. Aprender a se tocar, a se permitir ser tocado, porque, no masculino, geralmente tem uma preocupação: o amor é um amor para a morte; para a mulher é para a vida", explica a psicóloga. Ela precisa trabalhar com os pacientes inclusive a questão cultural, que coloca como um valor para o homem o fato de ter o pau duro. "E isso vem de uma forma muito cobrada. E quando ele se sente ameaçado, então, são os momentos de reflexão", avalia.

Essa cobrança, quase sempre dele mesmo, acaba projetada para a parceira. Um exemplo é quando a companheira é mais jovem. "Ele pode desenvolver algum comportamento de cobrança maior com essa jovem e uma cobrança dele mesmo por não estar atendendo àquele relacionamento. Então, a gente começa a desmitificar", diz Maria Cristina. Ela mostra que existe a projeção de que a parceira mudou quando ele é quem muda. No tratamento, eles buscam identificar o que é da história real e o que está acontecendo dentro da idealização do casal.

Ela conta que cuidou de um casal, com parceira mais jovem, em que o homem começou a ficar agressivo, projetando nela uma cobrança que era dele. Segundo a especialista, no momento em que ele começou a perceber que aquele pênis não estava ereto, mas que a relação não era baseada somente na questão sexual, que isso era mais uma fantasia dele, as coisas começaram a mudar. Quando o relacionamento tem base, tem troca, o câncer não é ameaçador. Mas, quando existem problemas que não foram conscientizados pelo casal, o câncer é "como aquela gotinha d'água" que faltava para provocar a separação.

A psicóloga aponta também casos em que o fato de usar fralda em conseqüência da eventual incontinência urinária traz mais sofrimento do que a impotência sexual. "Uns vão valorizar que a dificuldade maior é o uso da fralda. Outros, vai ser a ereção. E outros vão brindar a esse energia, quando descobrem que eles podem ter outras sensações quando existe o desejo. Isso tudo vem de uma forma muito individualizada."

Maria Cristina relata que ficou preocupada quando ouviu de um cirurgião que interessava a ele tirar o tumor do paciente, mas que ele não estava preocupado com a sexualidade do doente.

"Quando eu ouvi essa frase, me deparei com uma situação que me fez refletir. Do ponto de vista oncológico e biológico, talvez ele tenha razão. Mas se a gente pensar que aquele tumor, aquela doença pertence a uma pessoa e essa pessoa tem uma história, vale a pena saber que história é essa."

De seu lado, os médicos também identificam que a questão sexual está ligada à individualidade.

"O câncer não tem nome, não tem idade, não tem anseio, não tem vontade, não tem perspectiva de vida, não tem filho, não tem nada disso. Agora, o paciente tem. É nesse que a gente tem que pensar quando vai tratar. Tem que desmitificar para ele o que é o câncer", ensina o oncologista Fábio Peixoto.

"Alguns não se incomodam com a potência. Acham que o mais importante é curar a doença", comenta o Dr. Aristóteles. Ele diz encontrar pacientes idosos que consideram a preservação da vida mais importante, argumentando que do sexo eles já usufruíram bastante e que, naquela altura, o que querem é a companhia da mulher.

Ele diz que, diante do diagnóstico precoce de câncer de próstata, o cirurgião vai explicar os riscos envolvidos, especificamente incontinência, impotência e estenose. "A gente explica que tem que fazer a cirurgia de maneira a preservar a enervação, o feixe vásculo nervoso, que é responsável pela ligação e pela emissão dos impulsos. E explica que, mais importante que a impotência, seria o tratamento da doença, já que ela é inicial." Na seqüência, diz ele, mostra que existem medicamentos que podem ser usados para ajudar na recuperação sexual e, inclusive, a possibilidade de colocação de uma prótese posteriormente.

Mesmo assim, o cirurgião revelou que já teve um caso em que a mulher incentivou o marido a fazer a cirurgia e, tempos depois, se separaram, por causa da impotência do homem.

Fábio Peixoto diz já ter encontrado casos em que o paciente prefere não se tratar para não ficar impotente e vai embora. "Tá bom, eu respeito, vou dizer o quê? Eu faço questão de explicar tudo para que ele tome essa decisão de uma maneira consciente. 'Olha, se você não fizer isso, vai acontecer isso, isso, isso e isso. É isso que você quer? Então, tá bom.'"

Aristóteles lembra que, quando o tumor não está mais contido na próstata e que a indicação não é mais cirúrgica, "não tem jeito" na questão da virilidade. "Vai fazer radioterapia ou vai bloquear a testosterona e vai levar à impotência." Jurandir Costa afirma que há exceções, mas que, de um modo geral, as mulheres aceitam bem quando o tratamento leva à impotência do companheiro.

O BOM COMBATE

Em casa, nos dias que se seguiram à cirurgia, eu alternava as horas entre ficar deitado, sentado em frente à televisão ou diante do computador. Na primeira tarde, assisti durante horas a desenhos animados na companhia do meu neto João. Ele viu o corte na minha barriga e não gostou. Ficou impressionado. Reclamou:

— Eles não podiam cortar sua barriga.

Tentei explicar que tinham cortado minha barriga para consertar um defeito, mas ele não se deu por satisfeito com a explicação.

— Você não é brinquedo para dar defeito.

Ele, de fato, não gostou da idéia da cirurgia. Nas fantasias habituais de criança, ele tratava cada um dos homens da família como um super-herói. "Multi-homem", "homem-água", "homem-mola" (que ele chamava de "homem-bola"). Tem um tio barrigudo que era o "homem-barriga". Eu era o "homem-borracha", mas por causa da sonda e da sacolinha coletora de urina, passei a ser o "homem-mangueira". Ele não se interessou muito pelo tema. No início, não queria saber da minha cirurgia. Com o passar dos dias, pedia para me ajudar a esvaziar a "sacolinha", abrindo a torneirinha no vaso sanitário.

Todos da família seguiam com sua vida normal e eu passei a curtir conquistas como tomar banho sozinho, dar conta de apanhar o sabonete que caíra no chão do boxe, ou enfiar a sacolinha coletora de urina pela perna do pijama. Um exercício que se revelava complicadíssimo nas primeiras tentativas.

Se essas "conquistas" eram motivo quase de júbilo, denunciavam uma outra questão: a profunda solidão de quem vive uma situação limite como um diagnóstico de doença grave. Toda a solidariedade sincera dos amigos (ligava gente que jamais faria isso se fosse uma outra cirurgia qualquer), toda a dedicação carinhosa da família, todo o amor da mulher e filhos, toda a algazarra dos netos, nada podia preencher aquela solidão profunda. Como estava escrito no *Grande sertão: veredas*, de João Guimarães Rosa: *A colheita é comum, mas o capinar é sozinho*.

Era o câncer extirpado do corpo exercendo sua influência poderosa na cabeça. Uma espécie de metástase que jamais seria detectada por cintilografia ou tomografia, mas que poderia provocar grandes transformações em uma pessoa. E essa metástase, que ninguém tenha dúvidas, é inevitável.

Reproduzo aqui um bilhete (depois enviado também por e-mail) que recebi, ainda no hospital, junto com flores, da jornalista Sinara Tanure, que eu conhecera em Araçuaí, no Vale do Jequitinhonha, na década de 1980 e reencontrara em um seminário de que participei no sábado anterior à cirurgia:

Desculpe se estou sendo invasiva, mas não me controlei. Soube por amigos comuns que você está com um "defeito" e não resisti... Precisava me manifestar.

Há 18 anos, passei pela mesma coisa e quis dividir alguns segredinhos com você. São supersegredos mesmo. Não sei a gravidade do seu caso — pra mim veio com tudo: cirurgia, quimio e radioterapia, careca (desse você está livre) etc. etc. etc.

Considerando a evolução da medicina, hoje é muito mais leve. Mas, algumas certezas são comuns a todos: o pior pedaço da história é o atual. Pode acreditar. Daqui pra frente, é conhecer bem o inimigo e, com uma vontade louca de viver que, certamente, está aí no seu coração, partir pra cima. Se ele vier com espingarda de chumbinho, não titubeie, vá com tanque de guerra. O danado é traiçoeiro e mete medo, com muito vômito de drogas destruidoras e abençoadas, que judiam da gente, nos fazem temporariamente feios e nos devolvem a vida.

É um bom combate. Daqueles que vão fazer você melhor, mais bonito, mais feliz e pleno. A experiência é brava e traumática, sim, mas, por incrível que possa parecer (isso só pode ser dito pra quem foi pego), traz seu lado bom. Você, sensível que é, vai saber identificar e tirar proveito dele.

O desabafo de Sinara, uma pessoa de quem pouco sabia, bateu forte em mim, como percebo que tinha batido forte nela a notícia de minha doença. Doença que ela não nomeia. Não sei se intencionalmente ou não, em nenhum momento do texto ela escreve a palavra câncer. Eu sabia que minha situação, pelo menos naquela fase, era muito melhor, por causa do tal diagnóstico precoce. Sabia de minhas chances de não precisar de nenhum tratamento adicional e de meu câncer jazer para sempre num balde qualquer de formol, mas a narrativa dela dava a dimensão da fragilidade da vida humana e cutucava as reflexões sobre como costumamos jogar pela janela belas oportunidades de ser mais feliz. Ou, ao contrário, como deixamos de jogar pela janela motivos idiotas para ser infeliz.

Na quarta-feira, 17 de março, era aniversário de 30 anos do meu filho Malco. Ele tinha programado, há tempos, uma festa em um bar e, quando marquei a cirurgia, esse foi um fator que levei em consideração, porque não haveria clima para a comemoração se, por exemplo, eu estivesse hospitalizado. Convalescente, ele poderia comemorar sabendo que eu estava bem, em casa. Mas, tive vontade de ir à festa e achei que não me custaria muito fazer um esforço e "dar um pulinho" até o bar. Na hora do almoço, anunciei minha intenção à Suzana e ela concordou. À noite, amarramos a sacolinha coletora na perna, vesti uma calça larga, e lá fomos nós. Meu filho se emocionou com minha presença e a emoção dele me tocou profundamente. Isso era motivo de comemoração.

Naquela tarde, chegara o resultado da biópsia da próstata e outros materiais colhidos durante a cirurgia. A data marcada era o dia 18, mas ligamos um dia antes e acertamos: estava pronto. Isadora me entregou o exame e, de novo, tinha nas mãos o envelope plástico grampeado. Lá dentro, uma única folha com os mesmos timbres e rodapés azuis. Era o "Anatomopatológico", ou seja, a análise de minha próstata, de vesículas seminais e linfonodos pélvicos, assinado pelo mesmo Dr. Juberto que firmara minha sentença menos de 30 dias antes. Passei, por fax, o exame para o consultório do Dr. Jurandir. Em minutos, a secretária retornou:

— O Dr. Jurandir mandou dizer que o resultado da biópsia não poderia ser melhor. Você está de parabéns.

As coisas caminhavam bem. O câncer estava restrito à próstata, que fora extirpada. Agora, era aguardar o dia da retirada dos pontos e da sonda para deixar de ser convalescente e virar, de fato, sobrevivente

O "CUIDADOR"

Diante do fato consumado de um câncer, surge a figura do "cuidador", ou seja, no dizer das assistentes sociais da unidade de cuidados paliativos do Inca (HC-4), aquela pessoa, seja da família ou não, que se apresenta e passa a cuidar do paciente. Como regra geral, quase a totalidade desses "cuidadores" é do sexo feminino.

— É histórico a mulher ser o cuidador. É ela que assume integralmente o cuidado. Não só esposa, não só filha, mas ex-mulher, ex-companheira, que volta para cuidar — diz Teresa Cristina Oliveira.

"Mas por que o homem não se envolve na atividade de cuidar? Ele não foi preparado para isso", explica Teresa. Pesa até a questão do pudor, da dificuldade em dar banho na mãe, na esposa, na filha. As profissionais dizem que quando, por exemplo, um homem está com câncer e seria o caso de o filho assumir o cuidado, quem acaba fazendo isso é a nora. Ou seja, sempre a mulher. Para o homem, ficam as outras tarefas em torno.

"O homem dirige o carro, o homem também tem uma iniciativa de, às vezes, pedir ajuda a um amigo. Agora, pegar, botar no leito, fazer higiene, dar alimento, isso é coisa muito do feminino", garante Teresa.

A participação nos grupos de pesquisa mostra de forma cristalina a diferença entre o homem e a mulher. Nos grupos masculinos os participantes demonstravam pouca intimidade com a doença e os doentes. Mostravam claramente que não costumam chegar perto do doente, conviver mais intimamente com ele, o que não significa, evidentemente, que não sofrem ou não se envolvem.

Ao contrário, nos grupos femininos fica claro que a mulher põe a mão, pega no pesado, cuida. E, por isso, sabe falar da doença, sabe dos sintomas, sabe dos cuidados, sabe até do cheiro quando o tumor é externo ou quando "come" o doente por dentro.

A vivência de Clarice, como de tantas outras mulheres, é dramática. Ela perdeu uma filha muito jovem, aos 21 anos, com filhos pequenos.

— Eu estava trabalhando fichada. Ela falou comigo: "Mãe, eu quero que a senhora venha ficar perto de mim." Eu larguei serviço, eu larguei tudo. Ela morreu na Santa Casa. Sou pobre, não tenho condições, mas tive muito a benção de Deus. Ela foi muito bem tratada na Santa Casa. Inclusive, o diretor me deu autorização para ficar 24 horas com ela. Ela morreu nos meus braços — conta a mulher.

Clarice tem outra filha que também fez biópsia, com risco de ter doença parecida com a da irmã, ainda que em lugar do corpo teoricamente menos "perigoso". A narrativa dela sobre o final da vida da filha que teve câncer é comovente.

— A minha outra deu foi no baço, no esôfago, quando descobriu já estava em tudo. Tinha uma menina com 18 anos na enfermaria que ela estava, foi operar e morreu na sala de cirurgia. Ela falou comigo: "Mãe, não me deixa operar." Eu falei: "Não, você não vai operar, você vai morrer aqui." Ela falou assim: "Eu sei que vou morrer. Toma conta de meus filhos." Chamou o marido dela e falou com ele. E você sabe a última coisa que ela falou quando ela morreu? "Mãe." Eu peguei ela assim nos braços e quando eu peguei ela, ela abriu os olhos e falou assim: "Mãe." E virou pro lado. Menina do céu, eu achei que ia ficar louca, foi um desespero. Hoje eu recuperei, estou aqui, só Deus sabe o que eu passei.

As assistentes sociais do HC-4 avaliam que o câncer mobiliza muito, porque o diagnóstico já é uma coisa pesada. Como chegar ao diagnóstico costuma ser difícil, implicando verdadeira peregrinação do paciente por várias instituições, quando começa o tratamento surge quase naturalmente a figura do cuidador. Mas o cuidador não é somente aquela pessoa que vai ajudar a dar banho, uma vez que existe a dependência física, mas também vai dar o apoio emocional.

Por vezes, graças a problemas anteriores de relacionamento, esse cuidador não sai da família, de entes próximos. "Há paciente que faz a radioterapia, a quimioterapia, sozinho. Ele passa por grandes dificuldades sozinho, dificuldade emocional, física, sem ninguém ou, então, com um vizinho. E aí, quando vem para uma unidade de cuidados paliativos, quando está totalmente dependente, não tem jeito, tem que ter realmente alguém para administrar os cuidados de uma forma geral", explica Teresa.

Quem mais assume os cuidados do familiar são os mais pobres. Até por uma questão pragmática. Teresa Cristina mostra que, para uma pessoa sem especialização profissional, com nível de renda baixo, é mais fácil deixar o emprego para cuidar do parente, como aconteceu com Clarice, porque quando ela quiser voltar ao mercado de trabalho, teoricamente, é menos complicado. Já para um profissional de nível superior, se ele deixar tudo, é mais dificil conseguir outro emprego nas mesmas condições anteriores. Nesse caso, é mais lógico ele manter a fonte de renda e contratar alguém para cuidar do doente. Mas isso não significa que ele não tenha condições de se dedicar, porque envolve, inclusive, a questão afetiva.

"O exemplo de hoje são dois filhos. Um mora em Botafogo, que é um bairro relativamente distante da casa da mãe, e o outro mora no mesmo bairro da mãe. Ele sai de casa e, antes de ir para o trabalho, vai na casa da mãe, organiza tudo. Quando ele volta, faz a mesma coisa. Então, se existe a questão afetiva, mesmo ele trabalhando, mesmo com dificuldades, ele vai encontrar vários recursos para apoiar esse doente", conta Teresa.

Mas ela mostra que há situações complicadas, como no caso de um filho único, por exemplo, que não tem condições de contratar alguém para cuidar do parente. Não existe uma política pública de proteção do emprego para aquela pessoa que precisa se afastar para cuidar de alguém. Se ele começa a faltar ao trabalho, está sujeito a perder o emprego.

Os papéis são variados e, nas famílias, tem até a figura do líder, aquele que toma as iniciativas e as decisões. O cuidador é diferente, explica a assistente social. Ele é aquele que cuida mesmo, que prepara o alimento, que administra a medicação, que é responsável por levar ao hospital, que dá conta de toda a necessidade do doente. Teresa diz que, mesmo com as mulheres sendo ampla maioria, há maridos, por exemplo, que cuidam das esposas de uma forma "bastante dedicada". Isso, normalmente, é feito por homens que são naturalmente amorosos.

Muitas vezes, o cuidador que se apresenta é uma pessoa que, até aquele momento, não tinha qualquer preparo para assumir a tarefa. Mas, procura aprender até mesmo cuidados complicados, como no caso de câncer de cabeça e pescoço. "Tem aquele que morre de medo, mas que assume. Eu vou fazer, mesmo sem saber, quero aprender. E, às vezes, sem orientação. Acho que é o afeto que impulsiona. Ele faz o cuidado bem feito movido por essa afetividade", observa a assistente social.

Há pessoas, também, que nunca se viram em situação assim e, quando chegam ao hospital acompanhando alguém, deparam-se com tanta tristeza que dão um novo sentido à vida. E passam a tocar, por exemplo, na cânula, tubo usado por pacientes de cabeça e pescoço e que costuma provocar repulsa e medo, até pelo risco de uma manipulação errada machucar o doente.

Rosilene Pires, que coordena a internação hospitalar no HC-4, diz que quando uma doença grave se manifesta, de forma aguda, ela aproxima as pessoas. No primeiro momento, a família toda acompanha o paciente. Quando o processo tende a ser longo, crônico, vai ficar a pessoa mais próxima.

"Se aquilo for se arrastando, fica aquela pessoa central, o cuidador central."

Aristóteles Wisnescky confirma: "Ele vem acompanhado no início. Tem famílias que quer vir todo mundo, aquele monte de gente. Tem outros que vêm com a esposa, uma filha, ou filho que dedique mais tempo. Parece que, com o passar do tempo, vêem que a coisa é contornável, que dá para tratar, aí ele passa a vir sozinho. Depois, quando, às vezes, complica, ele passa a vir acompanhado."

As relações familiares se manifestam durante o processo da doença. Muitas vezes, há um movimento de proteção de parte a parte. Por exemplo, há casos de familiares que ficam por trás do doente, durante uma consulta, fazendo sinal com a mão para que o médico ou a assistente social não conte sobre a doença para o paciente. O cirurgião Aristóteles diz que lida assim com essas situações: se o paciente não sabe da doença, precisa saber. "Às vezes, quem nega mais a doença é a família, que não aceita." Ou, então, os familiares temem que, se o paciente ficar sabendo da gravidade da situação, vai sair dali e se matar.

Teresa Cristina diz que familiares fazendo sinais por trás do paciente é coisa comum. Eles utilizam vários expedientes para sinalizar que o paciente não tem conhecimento do quadro. Mas, segundo ela, o doente tem, porque "não tem como não ter". Muitas vezes, ele finge, nega, para evitar o sofrimento da família. Um fica querendo proteger o outro.

A psicóloga Maria Cristina Maia diz que essa situação se manifesta muito na questão do choro. Derramar ou não derramar lágrimas torna-se um problema para pacientes e familiares. "Chorar é uma forma de comunicar aquilo que você não consegue expressar verbalmente. 'Eu tenho vontade de chorar, mas não posso chorar na frente de minha família, porque vão se desorganizar.' Mas ele também percebe que o familiar ficou lá no banheiro e que chora lá. Muitas vezes, eles escolhem a hora do banho porque tem a água, o olho está vermelho", conta a especialista. Como se debaixo do chuveiro, a água e os olhos naturalmente vermelhos impedissem que os outros notassem o derramamento de lágrimas. A família acha que o doente não pode ver ninguém chorando; e o doente pensa que ninguém pode vê-lo chorando.

Pior é quando o paciente tenta esconder a doença da família. É raro, mas acontece, diz Rosilene. Vai sozinho se tratar, é independente, e diz que não quer nenhum contato com os familiares. Nesse caso, ela tenta mostrar que ele pode necessitar de apoio, de um amigo, alguém de confiança que ele precisa apontar. E, às vezes, não há essa pessoa. É gente solitária, que perdeu a referência familiar. "Aí, quando você pensa que ele não tem ninguém, aparece um vizinho", conta Rosilene. A solidariedade no câncer, diz ela, é muito maior do que, por exemplo, numa situação de desemprego ou de dificuldades econômicas.

Teresa confirma. Recentemente, lidou com um caso em que tentava contatar a família, porque o paciente demandava cuidados. O telefone que tinha na ficha era de um vizinho e ela se surpreendeu quando ele contou que era quem cuidava daquele homem. Era também quem levava e buscava no hospital. O paciente, no caso, era alcoólatra, com relatos de que maltratava muito a família. Então, foi esse vizinho que assumiu o caso, justificando que tinha pena da esposa e filhos do paciente. Outra situação comum é de vizinhos assumirem cuidados pela simples razão de que aquele cidadão agora doente foi bom para a comunidade. Não raro, pode até ter sido o cuidador de alguém das redondezas em outros tempos.

Enquanto acontece de pessoas emocionalmente fragilizadas se afastarem do doente por não suportarem conviver com aquele sofrimento, é comum, também, familiares se reconciliarem no enfrentamento do câncer. Rosilene diz que a questão de gênero está presente mais uma vez. Com os filhos homens é mais difícil a reconciliação, mas as mulheres reatam. E cita um caso recente de um homem que tinha abandonado a família há 20 anos. A filha, hoje com 25 anos, se reaproximou do pai e cuida dele com muito carinho. A ex-mulher o recebeu de volta em casa, argumentando que não poderia deixá-lo na rua. "É o pai dos meus filhos", disse a mulher.

Às vezes, a atual e a ex-companheira se encontram e atuam de forma a viabilizar o cuidado. Fazem até rodízio como acompanhante ou levando o paciente alternadamente para suas casas. Mas, aí, as assistentes sociais ressalvam que pode entrar uma questão econômica, ou seja, uma disputa velada pelo direito à pensão.

Aliás, a questão econômica costuma permear as relações familiares no processo do câncer. É papel das assistentes sociais orientar os pacientes quanto aos seus direitos e quanto às providências até jurídicas que devem ser tomadas quando se sabe que a doença não é mais tratável. Há situações cruéis. Um exemplo é relativo à possibilidade de quem tem câncer retirar o Fundo de Garantia por Tempo de Serviço. Elas contam que já viram situações em que o paciente deseja retirar o dinheiro para fazer uma grande e provavelmente derradeira viagem. Mas, a família quer usar a grana para reformar a casa que, em última instância, beneficiará somente os familiares, não o doente.

Algumas vezes, a assistência social encontra situações em que a família quer deixar para o hospital a responsabilidade pelo doente. "A gente tem que fazer uma troca. Ela não pediu para o paciente ter aquele tipo de doença, mas a doença existe, está numa fase bastante avançada, o paciente necessita de cuidados e, muitas vezes, a família já se organizou na questão dos benefícios. Quer dizer, a pessoa está totalmente dependente da família, mas ela, às vezes, é a principal fonte de renda daquela família. A família também depende do doente. De repente, nesse momento de mais necessidade, eles se afastam", questiona Rosilene.

Na lógica do cuidado paliativo, quando o que está em questão são os sintomas e a qualidade de vida do paciente, não mais o tratamento em si, o doente deve, sempre que possível, ficar em casa, perto da família. O paciente percebe que a permanência no hospital não traz grande diferença em seu estado e, mais do que isso, acaba vendo gente mais grave que ele, gente morrendo, o que causa muito mais mal do que bem. Ele, então, quer ir para casa. Só que, muitas vezes, a família não quer levá-lo.

"Ele pergunta: 'Por que eu tenho que estar aqui?' Ele quer ficar perto de vida", diz Rosilene. Quando eles têm crianças na família, então, querem conviver com elas, querem participar da vida familiar, querem aproveitar o tempo que resta. Aí, surgem impasses. O paciente quer ficar na sala da casa, perto da vida, do movimento, mesmo deitado numa cama. A família quer colocá-lo num quarto separado, isolado. "A família isola pela questão do odor, pela questão da aparência. Às vezes, são até pessoas que conseguem fazer um cuidado de qualidade, mas, no emocional, dizem: 'Ah, eu reservei um quarto pro meu doente, eu separei a louça do meu paciente, a roupa.' Isso existe." Para Rosilene, isso de separar a louça e a roupa não significa medo de contágio, tem mais a ver com idéia do isolamento.

Também, é como se o paciente perdesse a autonomia e até a vontade. Há relatos, por exemplo, do caso de um adolescente que, visitado pela nutricionista, perguntou se podia comer misto quente. Claro que podia, mas, em casa, a família não permitia.

"É incrível como as pessoas partem do pressuposto de que um paciente que tem câncer avançado não tem direito a mais nada. Escolher os alimentos que ele gosta, ter vida própria. As pessoas optam: 'Não, ele agora está doente, vai fazer uma dieta.' Dietas que restringem tudo", testemunha Teresa.

Tem paciente que não quer incomodar. "A vida em comum é muito afetada. O paciente se sente incômodo para a família. Para sair de casa, mobiliza duas, três pessoas, envolve a família para ter vida social. Ele se sente um incômodo e não quer isso. E, por mais que a família se coloque disponível, o paciente não quer. Nós temos todo tipo de situação possível e imaginável. Relação familiar é muito complexa", diz Teresa.

Mas tem paciente que quer incomodar. "Nós temos pacientes, principalmente de cabeça e pescoço, que têm uma lesão enorme. A família vai, faz o curativo e tal. Ele vai, arranca o curativo e deixa todo mundo sentindo aquele odor. Não sei, é uma forma dele se vingar. É como se ele punisse a família por aquilo que está acontecendo com ele", relata a assistente social do Inca.

Muito mais do que a carência física e financeira, pesa a carência afetiva. A maioria é pobre e está, de certa forma, acostumada com a precariedade financeira e material, porque foi assim a vida inteira. O que dói mais é a questão afetiva.

"Eles falam dos amigos que sumiram. Assim: 'Eu tinha muitos amigos, agora estou sozinho, não tenho mais ninguém'", conta Rosilene.

Ela cita o caso de uma mulher que tinha dois filhos, mas viu-se na situação de ser encaminhada para um asilo. Ela sabia que estava mal, que tinha pouco tempo de vida e dizia-se preparada para a morte. O que não esperava, dizia ela, era passar pela situação de não ter para onde ir. E nem era uma questão de abandono. Por circunstâncias da vida, a família não tinha como assumi-la. O filho, por exemplo, teve que se mudar do Rio para um Estado onde conseguiu um trabalho. Resultado: diante da iminência de ir para um asilo, o quadro de saúde dela piorou. Ela voltou para a nebulização e ficou deprimida.

"Metástase" na cabeça

A forma de lidar com a doença era uma novidade para mim. Brinquei com meus amigos de Brasília que nunca tinha visto um câncer tão "socializado". Comentei com as pessoas, falei de meus progressos e de meus medos, tive forças suficientes para falar de minhas fraquezas. Lembrei-me de quando foi detectada minha hipertensão, cerca de 15 anos antes. Não gostava que as pessoas soubessem. Acho que me sentia diminuído com aquele "descontrole" do meu "sistema hidráulico". Sentia uma espécie de vergonha pela "doença" que carregava. Minha onipotência sentiu o golpe.

Depois da hipertensão, passei anos "escondendo" esse tipo de fraqueza e cheguei a viver um período com uma espécie de "síndrome do pânico". Era como se eu tivesse perdido a confiança no meu organismo e isso me fragilizava na relação com o mundo. Por muito tempo, essa insegurança e o medo do inimigo interno foram o tema principal de meu processo de psicanálise.

Agora era muito diferente. Não me sentia nada diminuído por carregar dentro de mim um tumor maligno. Meu pecado original não se manifestava daquela vez e eu estava livre de culpa por estar doente. Principalmente se tratando de doença ruim como câncer. Não carregava os males do mundo junto com o tumor e isso me permitiu querer arrancá-lo de dentro de mim como corpo estranho e indesejável. Não me importava que as pessoas vissem "dentro" de mim naquela fase e não ligava por, eventualmente, estar com minha capacidade de reflexão e de análise prejudicada pelo calor da luta. De fato, aquilo era um fato da vida e como tal foi encarado.

Lamentei que aquela história me roubasse e consumisse tanta energia, mas pensei que, se depois da tempestade vem a bonança, passado esse tempo murcho eu poderia, de novo, desabrochar. Mas, para mais uma vez não perder a piada, pensei também que, em vez de desabrochar, poderia acontecer de eu só broxar.

Se um câncer tem a força preconizada pelas histórias da doença que ouvimos todos os dias, dava para pensar que a "metástase" no cérebro fosse também muito poderosa e representasse a força da vida. O papel de usar as armas disponíveis na medicina para derrotar a brutalidade daquele inimigo eu deixei para os médicos. Um dos principais papéis que a mim cabia era o de observar aquela cena e dela tirar proveito. Enquanto os médicos impediriam a metástase física, eu permitiria a metástase cerebral, emocional e afetiva. Não sei por que, imaginei que era como sobreviver a uma *overdose*. Queria sair daquilo com a cabeça melhor do que o corpo.

Esse raciocínio é simples. Sempre comparei a maratona de trabalhar na área de comunicação de uma campanha eleitoral, por exemplo, a uma *overdose* de conhecimento, de experiência, de desgaste, de aprendizagem. Depois disso, as situações cotidianas de trabalho metiam muito menos medo. O trabalho de Brasília também serve de exemplo. Pelo tamanho, pela repercussão, pela intensidade, deixava um saldo de experiências tão fortes que parecia simplificar problemas de comunicação em outros lugares. Ainda mais que a natureza dos problemas era a mesma; o que mudava era o tamanho, a força. Por analogia, eu pensei assim, mesmo que fosse muita presunção: depois de um câncer, o que vai me meter medo?

Um realismo quase fantástico

"Elas falam que a pessoa está podre em vida, principalmente quando tem miíase, que são as larvas das moscas. A família chega e diz: 'Meu Deus, ele está apodrecendo em vida, tanto que tá saindo até bicho'", conta a assistente social da unidade de cuidados paliativos do Inca, Teresa Cristina Souza Oliveira.

Não é só no HC-4 que as pessoas convivem com situações complicadas ligadas ao câncer. E isso dá margem ao surgimento de histórias que são propagadas pelas famílias, pelos vizinhos, pelos amigos ou por quem só ouviu o galo cantar e nem sabe onde. São histórias que vão passando de um para o outro, carregadas de verdadeiros mitos e impregnadas pelo medo que as pessoas têm da doença. Também aqui, quem conta um conto aumenta um ponto. A narrativa de Cátia ilustra isso:

— Eu estava com 15 anos e morava no interior. Tinha uma prima minha que ia ao médico sempre. Eu perguntei para a minha tia sobre aquela mulher e ela falou: ela está com câncer. Para o câncer não comer ela, era preciso gastar um quilo de carne por dia. A minha prima cortava os pedaços de carne e punha no lugar do câncer. O tumor comia a carne. Eu cheguei a perguntar isso para ela, porque toda vida fui muito curiosa. Ela explicou: "Se eu não colocasse a carne, ele já tinha comido a minha perna toda."

Cátia chega à conclusão que, agora, o câncer "come por dentro" e conta outra história. Ela foi visitar o ex-marido no hospital e ele disse que ela fosse até o final do corredor para ver um "cara" que estava internado lá. Ele estava com câncer na garganta e a língua dele inchou. "A língua dele saiu pra fora, ficou assim", mostra, revelando-se "horrorizada" com o que viu.

Outra história, contada por Dagmar, é de uma mulher com câncer no intestino. "Parece que não tinha esse negócio de colocar sonda. Ela evacuava pela boca. Estava tão inchada que eles tiveram que enfiar uma agulha deste tamanho na barriga dela para o ar ir saindo aos pouquinhos. Não podia abrir de uma vez porque aquilo podia estourar e ela morrer. Pelejou, pelejou, gastou aquele dinheiro que não tinha e acabou morrendo."

As narrativas, de um realismo quase fantástico, se sucedem:

— A minha tia ficou dois anos na cama. Ela morreu igual um bebê, teve que colocar até grade. Até encolher, ela encolheu. Não teve jeito. Ficou dois anos saindo fezes pela bolsa.

— Minha tia é uma senhora, deve ter uns 50 anos e está com câncer, com leucemia. Para mim é a pior doença que tem. Ela vai todo dia de manhã e de tarde. Vai fazer transplante. Quando marca a operação, ela fica gripada, não pode.

Câncer acaba com a pessoa. Ela está inchada, de tanta química que ela está tomando.

— Eu tenho um tio que tá com câncer. Ele nunca bebeu, nunca foi de cigarro. Começou com uma simples dor de barriga, foi lá operar. Quando abriu, tava todo comido. Hoje ele não tem vida mais.

— Com meu tio, afetou a perna, que foi ficando preta. Ele chorava de desespero, por causa da dor que não passava. A casa parece que abalava com os gritos dele.

— A minha sogra morreu sem saber. Os filhos dela falaram que ela estava com um estreitamento de esôfago. Ela tinha mais corpo que eu e, em menos de um ano, ficou magrinha. Se morreu com uns 40 quilos foi muito. A única coisa que ela tinha demais era água nas pernas. Um dia que ela passou mal, que levamos ela no hospital, a saliva dela virou sangue. Nós fomos correndo com ela e, quando ela passou a perna na beirada do sofá, parecia que tinha uma mangueira. Foi terrível. Não gosto nem de lembrar, é horrível. Sabe, aquela coisa malcheirosa, aquele sangue misturado com água. Parecia que tinha estourado tudo dentro dela. Onde tinha buraco nela, saía água.

— Eu conheci um moço, ele deu tumor aqui no cocuruto. Mas não levou um mês. Afundou que parecia que furou com uma broca. Se bem que hoje o tratamento está ótimo. O cabelo cresceu todo, ele voltou à vida normal que ele tinha.

— Eu conheci um cara que morreu com câncer de pele. Ele tinha um buraco na cara que ninguém olhava para ele.

— Geralmente, começa na garganta ou seio e vai distribuindo pelo corpo. Meu marido perdeu um tio agora há um ano. O caso dele foi um que os médicos não acreditaram.

Ficou dois anos. Constatou câncer no intestino, ele fez tratamento. Tinha uma casa de praia, foi para lá, largou emprego, largou família, largou tudo. Ele se refugiou lá. Um ano e meio e ele não teve nada. Ele fazia exame, não dava nada. Até que os médicos daquele hospital do Rio não acreditaram que ele estava curado. "Nós vamos ter que abrir para ver o que aconteceu." Eles abriram em fevereiro, quando foi em maio ele morreu. E não tinha nada. Sem sintoma. Eles abriram, mexeram lá, o negócio veio de uma vez só.

— Um tio meu faleceu há pouco tempo. Eu chegava na casa de minha avó, ele tinha uma dor de barriga de anos e anos. O médico não achava nada. Ele falava: "Oh, mãe, a dor de barriga continua." Ele estava com 60 anos, foi fazer um exame mais detalhado, mais profundo. Quando o médico resolveu operar, ele não tinha intestino. Ele estava todo comido por dentro e não estava sabendo.

— Eu sou filha única e minha tia era a filha caçula da minha avó. Era ela que saia comigo. Quando ela apareceu com câncer, há oito anos, eu estava grávida do meu filho. Meu pai hoje é esclarecido, mas na época era ignorante. O que a gente fazia: levava ela para fazer quimioterapia. Meu pai falava: "Olha, eu não vou te levar, porque eu levei a sua tia para fazer quimioterapia e vou ter que levar o carro para lavar." "Pai, por quê?" "Porque fica cabelo no carro. Você não pode, você está grávida." Ele pensava que pelo fato de o cabelo dela cair e ficar no carro, onde eu ia sentar, eu podia pegar câncer.

Essa cara feia do câncer, que as pessoas comentam, temem e fantasiam, aparece refletida no espelho para quem, por exemplo, perde os cabelos por causa da quimioterapia, como mostra Camila:

"Meus médicos foram realistas: 'Você vai fazer um trabalho de quimioterapia.' Quarenta e oito horas após a primeira, foi o pior impacto que já senti na minha vida. Amanheci parecendo um lobisomem. Eu tinha suado à noite e meu cabelo despregou todo, estava no rosto. Quando eu levantei e vi minha imagem refletida na televisão, eu falei: 'Uai, estou virando um bichinho.' Apavorei, descontrolei, sai correndo para o banheiro, encontrei com meu filho mais minha filha. 'Mãe, que é isso?' Fui abrindo o chuveiro, de pijama ainda. Começaram a me lavar, ficaram aqueles pedaços, fui arrancando. E falei para ela: 'Você vai raspar isso agora.' Nesse dia, eu fui a zero. Sabe o que é ir a zero? Por quê? Porque sou uma pessoa muito vaidosa. O cabelo nunca mais cresceu. Depois da oitava sessão, começou a aparecer uma penugem. Com 22 dias depois da última sessão, ele começou a crescer vertiginosamente.

"Dor não é amargura"

Na minha infância no interior, membro de uma prole de 14 irmãos, ficar doente era sinônimo de ganhar maçã argentina e biscoito champanhe. Vida afora, quando ficava doente — e, por vezes, carente — sempre vinha a lembrança das maçãs bem vermelhas e do biscoito salpicado de açúcar. Os meus primeiros 15 dias pós-cirurgia foram marcados pela serenidade, apesar de, às vezes, eu achar que nunca chegaria, por exemplo, o dia de tirar a sonda que ia da bexiga até a sacolinha coletora que eu carregava permanentemente.

A família não estava por minha conta. Todos precisavam trabalhar, cuidar de suas coisas. E, se eram longas as horas da convalescença, isso dizia respeito exclusivamente a mim. Tive que aprender, por exemplo, a localização ideal para fixar os esparadrapos que prendiam a mangueira da sacolinha coletora à minha coxa, para neutralizar ou minimizar a possibilidade de movimento da sonda no meu corpo e o conseqüente incômodo na uretra. Um dia, Suzana me perguntou se eu queria que ela fizesse a fixação. Respondi que só eu sabia o lugar ideal para prender. Era a mais pura verdade.

Sem nenhum sentimento de autocomiseração, de que, felizmente, estava livre, em meio às dores comuns a qualquer cirurgia abdominal, em meio aos incômodos da sonda, em meio à necessidade de dormir sempre de barriga para cima para que a sonda ficasse numa posição minimamente confortável, em meio à incerteza quanto ao futuro, o espírito, às vezes, constatava a extensão daquele mal. Se o espírito não se abalava, certamente se entristecia. Nessas horas, que nem foram muitas, acho que eu esperava, sem muita expectativa, alguém chegar com o biscoito champanhe.

No bojo de tudo, uma permanente concordância com o verso da poeta mineira Adélia Prado: "Dor não é amargura."

“UM TREM ESQUISITO”

A ida anual ao urologista para fazer exame de toque retal virou piada entre os homens na faixa etária de risco para doenças de próstata. A “dedada” é motivo de gozação no trabalho, nos botequins, nas conversas de amigos. De piada em piada, de brincadeira em brincadeira, de gozação em gozação, vai se disseminando a idéia de que os homens devem fazer o toque retal da mesma forma como a mulher faz, regularmente, exames ginecológicos.

Até os médicos, muitas vezes, valem-se das brincadeiras para desmitificar o exame. Um urologista que costuma cortar os cabelos em um determinado salão masculino de Belo Horizonte, sempre brinca com os barbeiros sobre a expectativa de fazer o exame neles. Antes de ir embora, no entanto, fala sério e lembra que o toque retal é importante. Mesmo assim, o preconceito e a resistência ainda rolam soltos.

— Esse negócio de homem enfiar o dedo na gente não está certo — descarta Davi. Mas, o assunto é inevitável no grupo e, pouco a pouco, aparece a concordância quanto à necessidade do exame.

— A maioria dos homens não faz. São poucos que fazem.

— O receio é de enfiar uma agulha desse tamanho no negócio da gente.

— O homem é muito machista. Uns aceitam, outros não aceitam.

— É com 40 anos que começa a fazer o exame. Eu, que já tenho 40 anos, já era para ter feito. Mas eu não imaginei isso não.

— Eu, com 50 anos, fui obrigado a fazer. Considerarei qualquer um que faz sem discriminação. É uma coisa mais de ignorância. Deve pensar o seguinte: é bem melhor um bom exame para fazer com o médico, do que cair no mal, sofrer muito mais.

— Muitos homens já fizeram e escondem, falando que não fizeram. Eu falo que fiz.

— Fazem, porém escondem, com vergonha da gozação. Mas fazer, fazem.

— Tem muita gente que não faz.

— Não faz porque é um exame doloroso, constrangedor, deixa o cara constrangido, entra o lado do machismo.

No grupo de Carlos e Cirilo, aumenta a naturalidade com o exame, mas aumentam também as piadas.

— O que a gente mais ouve falar no câncer de próstata é a dedada que você vai tomar. É o que desanima de fazer.

— Faz com mulher, que tem o dedo mais fino.

— Eu prefiro tratar com homem.

— Quando a gente conhece a mulher e vai ficar num quarto com ela, nu, não tem vergonha nenhuma. Mas quando passa a ser uma doutora, xiii.

— O bichinho vai encolhendo.

— O meu não encolhe, não.

— Encolhe, sim. Olha o machismo.

— Teve um camarada que foi fazer exame de próstata e, durante o exame, notou que o médico estava com as duas mãos no ombro dele. Esse é o maior problema. E o cara gostou do exame.

— Uma pegadinha que passou há pouco tempo na televisão: o cara saía de dentro da sala e falava: o próximo. Mas o dedo era desse tamanho. O cara dizia: 'Nem de jeito nenhum.'

— O preconceito é com o dedo. O cara não quer levar aquela dedada.

— O cara vai ao urologista. A primeira coisa que ele olha é o dedo do médico.

— Eu conheço uma pessoa que tem que tomar anestesia geral.

— Eu estava com um problema de rins, com dor na hora de urinar. Fui ao médico e ele perguntou se eu já tinha feito exame de próstata. Disse que não. "Vamos fazer?" "Vamos." Não quis nem saber.

— E o que você achou da dedada?

— Ele me colocou igual um frango assado. Ele passa uma vaselina amarelinha no dedo. Eu estava mais ou menos no meio da cama, da maca, vim para a ponta.

— Mas que tem que fazer, tem.

— O homem, do umbigo para cima, tranqüilo para ele. Agora, do umbigo para baixo, mexeu, ele fica invocado.

— Todo mundo acha que o urologista, que vai mexer no seu pênis, é homossexual. Todo mundo acha.

— Dá a impressão de que ele gosta, que passou a gostar com o tempo.

— O cara vai pegar, vai "cantar", vai chamar para sair. O pessoal fala mesmo.

— Para fazer um exame de gastro, eu engoli uma mangueira desse tamanho, pela garganta abaixo. Com o perdão do que vou dizer, achei menos difícil o exame de próstata do que engolir aquela mangueira na endoscopia.

No grupo de Amado, Aurélio e Antenor, o debate se mantém:

— Hoje quem faz o toque conversa com você com naturalidade e, se você brinca, te dá uma liçãozinha rápida, aí você cai na realidade.

— Eu fiz e, sinceramente, eu estava totalmente retraído porque ia no urologista fazer toque retal. Um trem esquisito. Imagina ficar lá numa posição horrível. Você fica grilado.

— Tem medo de gostar, medo de gostar.

— No caso do médico, você sabe que é, teoricamente, um mal necessário.

— Seria um constrangimento maior ainda ir a uma urologista mulher.

— Eu teria vergonha.

— Eu concordo.

E as mulheres, o que pensam? Praticamente todas vêem a resistência do homem como puro sinal de machismo.

— Já vi falar que é um exame rigoroso que os homens fazem. Que a maioria não faz porque o exame é terrível.

— É fundamental procurar o médico, mas o principal é largar daquele machismo bobo.

— Meu pai fala que não vai de jeito nenhum. "Que isso, está ficando doida, ficar naquela posição para fazer o exame?" Falei: 'É a coisa mais normal do mundo.'

— Eles têm vergonha de fazer o toque, de um médico ou médica tocar neles.

— Meu marido foi porque ficava meia hora no vaso sanitário, espremendo, morrendo de dor.

— É machismo do homem brasileiro. O meu tem 52 anos e nunca foi. E diz que nunca vai. Não adianta.

— Lá em casa é a mesma coisa. Eu procuro incentivar, ele diz que não vai nem morto.

— Eu conheci um médico, o melhor ginecologista da região Oeste, ele morreu de câncer de próstata. O que eu ouço falar de homem que não faz o exame é por causa da posição que ele tem que ficar. Meu tio foi e perguntei como era. Ele disse: "Tá pensando que a gente é cachorro? Manda a gente ficar de quatro, uai, passa um trem na gente lá de qualquer jeito."

— Vai ver que esse ginecologista morreu porque não fazia o preventivo.

— Meu marido fez. No lugar em que ele trabalha, pediram o exame. Diz ele que até chorou na hora.

— Meu marido fez a consulta. E o toque ele não fez. Ele não aceitou, porque é pelo ânus que faz.

Mas elas também aproveitam a oportunidade para fazer piada, arrancando risos do grupo.

— Meu filho conta que um amigo dele falou que, na hora de fazer o toque, ia levar um rádio, com uma musiquinha porque, de repente, se pintasse um clima...

— Eu tenho um genro, namorado da minha filha do meio, que é muito caladão. Um dia chegou mais calado ainda. Falou: estou arrasado, minha vida acabou. "Mas o que aconteceu?" Minha filha falou: "Só porque levou uma dedadazinha." Já um outro genro, da minha filha mais velha, ele é fechado. Ele chegou: 'Nossa, minha sogra, levei uma dedada.' Um ficou abatido, o outro morreu de rir.

— Meu irmão falou que quer morrer virgem.

Os médicos observam que quem chega ao consultório, já venceu a barreira do preconceito, apesar do constrangimento.

"No meu consultório, eu pego já o paciente que não tem o preconceito", explica Aristóteles Wisnescky. Ele diz que os clientes que vão pela primeira vez chegam apreensivos. Ele explica que o toque demora de 5 a 10 segundos. "Aí, falam assim: 'É só isso? Então, pronto, acabou.' E passam a vir regularmente. Só não pode é apaixonar."

"O exame é constrangedor para as pessoas mais idosas. Mas vêm. Isso vai muito da habilidade do médico em conversar com o paciente", diz Jurandir Costa.

Os dois contam que hoje já é comum chegarem pacientes encaminhados ou conduzidos por amigos.

"Tem o tipo que vem e conta para os outros, traz até um amigo. Ficam lá fora, um gozando o outro, relaxados, tranqüilos. Tem outro que quer sair do toque e fala que só o PSA resolve. E, infelizmente, tem colegas que aproveitam disso e não fazem o toque. Deve ser feito sempre o toque e o PSA", adverte Jurandir.

Aristóteles diz que, às vezes, um clínico geral vai pedindo PSA e não faz o toque. Outros, vão a urologista que também não faz o toque, diz que basta o PSA. O cirurgião lembra que um homem pode ter PSA normal e toque alterado; ou toque normal e PSA alterado.

Antenor cobra uma postura mais ativa dos médicos em geral.

"O médico também deve falar. O clínico geral devia dizer: 'Olha, você está com 40, tá na hora de tomar uma dedada.'"

Parece bem difundida uma noção equivocada de que quem faz o exame de PSA fica dispensado do toque retal. Isso aparece em todos os grupos. Até entre mulheres apareceu.

— Agora eu ouvi falar que faz só exame de sangue

— Dizem que o exame de sangue é tão preciso quanto o exame local.

— Eu faço de três em três meses, de seis em seis meses. Faço exame de sangue.

— Acho que o exame de sangue é de 3 a 6. Se deu nessa faixa, não há necessidade de fazer o toque.

— É o preconceito. Tem muita gente que acha que o exame de próstata é só esse. Tem o exame de sangue.

— Hoje em dia não tem mais toque retal, não.

— O negócio é que antigamente você tinha que consultar com o urologista. Hoje em dia é mais fácil. Antes era exame de toque.

— Eu ouvi em algum lugar, me parece que já existe um tipo de exame de sangue. Não precisa mais fazer esse exame local.

A chefe do Serviço Social do Inca, Márcia Skaba, concorda que o toque retal é um exame que tem uma questão invasiva muito grande, porque mexe com a masculinidade. Mas ressalva que o preconceito formado em torno do tema ligado ao câncer de próstata não é simplesmente pela masculinidade.

"É um preconceito porque ele sabe que todo mundo que tem câncer de próstata em volta dele, via de regra, morreu. Ficou impotente, depois morreu."

Um fato novo que os médicos comemoram é que as mulheres têm incentivado os homens a procurarem o urologista.

"Elas, cada vez mais, têm feito isso. Cobrado dos maridos, dos companheiros. Cada vez mais empurrando o paciente para vir ao consultório e, de modo geral, eles têm vindo", atesta Jurandir.

"Elas mandam eles irem e, às vezes, vão junto. Falam o inverso: se elas vão ao ginecologista e não tem nada de mais, porque o marido não vai ao urologista", indaga Aristóteles.

Os homens confirmam que, muitas vezes, vão ao consultório "empurrados" pelas mulheres.

— Eu fui no urologista porque minha mulher praticamente me jogou lá dentro — revelou Aurélio.

— Se minha esposa não falasse, eu não iria — concordou Antenor.

— Faz diferença a mulher tomar essa preocupação. Porque é um sinal que ela está preocupada com a família dela, com o futuro dela, com o futuro nosso — completa Davi.

Mas, o que elas também constatam, de maneira generalizada, é que o homem só vai ao médico quando está sentindo alguma coisa. Como o exame de próstata não pressupõe nenhum sintoma, eles tendem a achar que não precisam ir. E mesmo elas, muitas vezes, consideram que sintomas como dificuldade ou dor para urinar, mais ligados à hiperplasia benigna, é que seriam indicativos para procurar um urologista. Dalmo chegou a dizer, dando a medida do desdém do homem em relação à própria saúde: "Mulher gosta muito de médico."

"O homem brasileiro só vai ao médico se está sentindo alguma coisa. Se não está sentindo, ele não vai. Para que eu vou se não estou sentindo nada? Quando vai ao médico, tem uma doença já florida, já evoluída", lamenta Fábio Peixoto.

Clarice faz coro: "O homem só preocupa mais quando está sentindo aquela dor, quando vê que o bicho tá pegando. Aí, marca o médico. Até o orgulho ele deixa de lado."

Uma questão também recorrente, confirmada pelo nível de desinformação ou de informações desencontradas, é a cobrança por maior divulgação, por mais campanhas educativas sobre o câncer de próstata, especificamente, e sobre o câncer, de um modo geral.

— A gente não tem informação nenhuma sobre o câncer de próstata. Tinha que mostrar mais o que o câncer de próstata faz com a gente, com o homem — deseja Cirilo, que pede mais palestras, mais filmes sobre o assunto.

— Se tiver informação, o cara vai fazer o exame — aposta Carlos.

— O câncer de mama teve campanhas e hoje a prevenção não é comum? Falta isso para o câncer de próstata — compara Antenor, que sugere:

— Se aparecer o Pelé falando assim...

Mas não escapa da gozação de Aurélio:

— Você não quer o Pelé falando na televisão que tomou uma dedada.

É Aurélio que apresenta um novo aspecto na discussão.

— O homem não procura o urologista porque existe pouco profissional da área. Eu tive dificuldade para conseguir urologista. Os que eu olhei não tinham vaga.

Aristóteles Wisnescky concorda: "O problema é que, se mandasse todo mundo para o urologista, o sistema não agüentaria."

Jurandir Costa avança nesse raciocínio:

"Nós da Sociedade Brasileira de Urologia ficamos muito preocupados no sentido de querer fazer alguma coisa por isso. Já fizemos, através da Urológica, nossa clínica, uma semana de câncer de próstata. Nos dispusemos, fizemos toque, fizemos PSA e detectamos um determinado número de cânceres. Que, infelizmente — e isso é que é trágico nessa história —, não sei se aqueles pacientes que nós diagnosticamos foram tratados. Quer dizer, nós estamos fazendo um trabalho muito assim de sofrimento do paciente. Você fala com ele: 'Agora você tem que operar.' Como é que vamos operar multidão? Não temos condição nem econômica, nem de pessoas, médicos. Então, a gente manda para o serviço público e não sei se esses pacientes estão sendo beneficiados. Essa é a grande maldade que o serviço público faz com o paciente."

O oncologista Fábio Peixoto, do Inca, chega a relativizar a conveniência, num sentido de saúde pública e nas condições brasileiras, de ampliar indiscriminadamente o acesso ao diagnóstico. "Essa história de diagnóstico precoce tem que ser avaliada com bastante cuidado. Fazer um diagnóstico precoce não mudou a sobrevida final do doente." O argumento dele é o seguinte: "Vamos pensar na situação real do Brasil. Eu faço o diagnóstico. E aí? Você diz: 'Ih, amigo, está diagnosticado câncer de próstata.' Só que você está no interior da Bahia, você não vai ter um centro hospitalar, ninguém para te tratar, nem radioterapia, nem urologista. E aí? Você dá o diagnóstico e transforma a vida do cara num inferno. Agora eu sou portador de câncer e não tenho o que fazer porque não tenho acesso ao médico. A gente está caminhando aos pouquinhos."

A preocupação da assistente social Márcia Skaba vai noutro sentido. Para ela, os formuladores de políticas preventivas de câncer acabam como fomentadores do estigma que cerca a doença, "dessa representação negativa, a perpetuação dessa cultura do câncer". Ela chega a identificar propagandas para prevenção ao câncer que mais afugentam do que puxam a pessoa.

— A capa da minha tese de doutorado é um panfleto que era distribuído pelas Pioneiras Sociais no meio da década de 1950. Era uma mulher deitada, com um caranguejo em cima dela, com aqueles tentáculos, com alguém enfiando uma faca nela e escrito assim: "Na luta contra o câncer — o câncer tem cura." Eu jamais iria procurar essa possibilidade de ser aquela mulher que está sendo agarrada por aquele caranguejo.

Márcia Skaba acredita que muito dessa expectativa que tem na sociedade foi fomentada pelas políticas: o câncer mata, o câncer mata, tem que tratar, o câncer mata. Para ela, a reversão desse quadro ainda não foi feita. Ela considera que são divulgados grandes avanços quimioterápicos, grandes avanços terapêuticos, mas com uma linguagem que não está chegando para todas as pessoas. "A Ana Maria Braga, a Patrícia Pilar tiveram uma influência social muito maior que talvez os 50 últimos anos das políticas públicas. Na minha tese, várias pessoas fazem referência a isso: se a Ana Maria Braga se curou, porque eu não posso me curar?"

Nos grupos, várias vezes a apresentadora Ana Maria Braga e a atriz Patrícia Pilar são citadas como exemplo de quem fez tratamento a tempo de se curar. Por outro lado, citam também o caso sem final feliz do cantor Leandro, mas sempre fazendo uma enorme confusão entre ele e o parceiro Leonardo. Quando não citam os dois.

— Igual o caso do Leonardo. O dele foi de repente. Foi fazer um exame, descobriu e, quando assustou, morreu.

— Foi no ano que o Leonardo morreu...

— O câncer não tem cura, senão o Leandro não tinha morrido. Leandro, não, o Leonardo.

— Não, quem morreu foi o Leandro. O Leonardo tá vivo ainda.

— Você não viu o Leandro e Leonardo? O Leandro. Aparentemente, o cara não tinha nada, de repente, o cara fica careca e morre.

— Quando a pessoa descobre, normalmente, é num estágio de baixa resistência. O cantor mesmo, o Leonardo, o Leandro, quando ele descobriu, foi rápido.

Márcia Skaba reconhece que houve avanços e cita a prevenção ao câncer de mama como exemplo.

"Agora, eu não tenho dúvida que a população que eu conheço, que eu convivo aqui, não entende muito aquelas mulheres bonitas, com aquelas roupas lindas, com aquelas rosas maravilhosas na mão. Elas não se identificam e, portanto, essa linguagem não passa no universo delas. A gente tem que redefinir muito rapidamente a linguagem das campanhas preventivas. A gente fala muito de estigma como se fosse um fantasma. Minha avó falava, minha bisavó falava, minha tataravó falava, como se fosse um ente, mas a representação passa de uma base material, objetiva. Eu posso até tentar ser um cara que enfrenta o câncer, mas se eu só vejo morrer do meu lado, não há cristão que agüente. Essa discussão entre o que é subjetivo e objetivo a gente tem que enfrentar urgentemente."

Os profissionais constatam, também, que o câncer tem, por exemplo, menos apelo do que doenças como a aids para a elaboração e veiculação de campanhas educativas.

"Se a gente for comparar, olha como a aids evoluiu em termos até de recursos, de campanhas, de pessoas envolvidas. Há quem diga que é o fator econômico, porque muitas pessoas de poder aquisitivo alto e bom nível sociocultural tiveram aids e promoveram campanhas, envolveram várias instituições e, por isso, deslanchou", raciocina Teresa Cristina

Oliveira, assistente social do Inca. Ela avalia que a aids conseguiu mais recursos financeiros do que o câncer, se considerado o tempo que a doença existe.

"Acho até que com as campanhas a aids está sendo olhada de outra forma. A gente não vê tanta gente morrendo de aids como via há dez anos. Houve uma modificação muito grande", concorda Rosilene Pires. Ela mostra que uma "política maior" voltada para o câncer acontece quando a doença atinge uma pessoa famosa e isso aparece na mídia. E cita exemplos como do cantor Leandro e da apresentadora de televisão Ana Maria Braga. O câncer, avalia ela, tem mais apelo quando acontece numa família mais abastada.

Nos grupos, a grande divulgação dada à aids aparece.

— O câncer está em segundo plano, porque depois que apareceu a aids, toda a concentração dos governos ficou em cima da aids — observa Davi.

Amália concorda:

— Esqueceram o câncer por causa da aids.

No livro *Vivendo durante um câncer*, a jornalista francesa Maria-Paule Dousset mostra que obter recursos ou apoios para campanhas referentes ao câncer é muito mais difícil do que para a aids. Ela diz ter ouvido a seguinte frase do representante de uma agência de publicidade: "É monstruoso dizer, mas o câncer não é mais uma doença da moda." A seguir, vai transcrito um trecho em que ela mostra a diferença entre o interesse pelas duas doenças:

"Há inúmeros exemplos de inabilidade com os cancerosos. Certo jornalista muito conhecido era o moderador esperado para uma conferência da Eurocancer 1996, reunião organizada para os profissionais de saúde. Ele cancelou sua participação na última hora porque estaria apresentando, com outros jornalistas, a noite *Sidaction* que mobilizava todas as redes de televisão e... todos os apresentadores! Em um colóquio profissional, certa assistente social explicou que 'para um câncer, as ajudas são mais difíceis de obter do que para a aids'."

No entanto, há uma percepção de que o maior acesso do brasileiro à informação e a recorrência de campanhas e abordagens dos veículos de comunicação sobre o tema câncer têm alertado a população e permitido avanços. "Hoje melhorou muito isso aí, porque tá todo mundo procurando se informar melhor e se prevenir melhor", diz Dalmo.

Aurélio considera que, aos poucos, vai diminuindo a relação entre câncer e morte e argumenta que as mulheres, graças às campanhas, já conseguiram isso quanto ao câncer de mama. Antenor concorda: "Hoje a informação está mais dentro de casa. Você sai, vê um *out door*, uma camisa na rua. Hoje se fala mais a respeito." Ele observa que há mais divulgação, a ponto de fazer diminuir o receio das pessoas de conversar sobre o câncer e, principalmente, de fazer prevenção. Antenor ressalva que a ignorância ainda continua grande. "Devia ter uma divulgação maior, para a pessoa se prevenir melhor." Ele considera que se o câncer fosse mais divulgado, até o preconceito seria menor.

Clarice e Cátia também fazem considerações sobre mudanças no comportamento das pessoas, graças ao aumento do acesso à informação.

— Devido à falta de conhecimento do pessoal de antigamente, eles não sabiam nada. Hoje, a primeira coisa que a pessoa faz é correr para o médico. É televisão, os vizinhos, os filhos estudando.

— Dá uma coisinha diferente na gente, logo a gente pensa em câncer. Fala tanto nisso, que a gente pensa logo.

— Tem o rádio que fala. A cada dia fala um assunto, então, o povo fica antenado. O que a doença causa. Tem os meios de comunicação, as campanhas...

Dagmar e Delma, de classe menos favorecida, também vêem as campanhas na televisão, mas esbarram na dificuldade de acesso ao tratamento:

— O governo faz campanha. Igual no posto lá onde eu moro. Todo ano eu faço, direto. Toda vez que vai lá para marcar, nunca tem médico.

— A campanha é feita na televisão. Chega lá, de fato, não tem. Tá ruim mesmo.

— Tem os meios. Por exemplo, se eu suspeitar de um nódulo no meu peito, for no posto e não tiver o atendimento, não vou esperar ter não. Eu vendo assim nem se for uma televisão, qualquer coisa e pago e faço o exame. Porque, se detectou algum sinal, vai gerando um trauma na cabeça da gente, a gente não dorme, não come.

Araci e Amália não chegam a um acordo:

— A televisão mostra demais. Coloca medo.

— Não, a televisão está alertando o ser humano.

Trocar a sonda pela fralda

Na noite anterior à retirada da sonda da uretra, não consegui dormir direito. O dia que eu achava que nunca chegaria estava por horas, e o bicho pegou. Tive muito medo de tirar a sonda e colocar a fralda. Ou seja, abateu-se sobre mim a perspectiva da incontinência urinária, do fraldão geriátrico, do cheiro de urina.

Se até ali tudo tivera data marcada, como o dia de cada exame, o dia da internação, o dia da cirurgia, o dia da retirada da sonda, doravante eu estaria entregue à capacidade de recuperação de meu organismo. Eu sabia que a incontinência poderia durar horas, dias ou semanas. E ficava imaginando o mijar sem sentir, a ridícula situação de, quando visse, a fralda já estivesse toda molhada. Era, mais que nunca, a fase do imponderável.

A caminho do hospital, Suzana tentou puxar conversa, sem sucesso. Limitei-me a dizer que estava com muito medo. Ela compreendeu. Junto com a sacolinha coletora da urina eu levava uma outra, com duas fraldas geriátricas, das grandes, para usuários "com mais de 70 quilos". O cirurgião-assistente, Ricardo Castro, foi paciente ao me explicar o óbvio, que eu bem sabia, mas que precisava ouvir. Disse que, modernamente, o tempo de incontinência tinha diminuído muito. Referindo-se também à questão sexual, disse que a ansiedade só atrapalharia. Afirmou que, no meu caso, em que a cirurgia fora "tranqüila", a recuperação deveria ser breve, sem maiores problemas.

— Não é preciso ter pressa. Ansiedade só vai provocar frustração.

O médico contou que um paciente da equipe, aflito para combater a incontinência, ficou fazendo continuamente a ginástica recomendada de "cortar" o jato da urina, para desenvolver o controle voluntário. Conseguiu uma dor que o levou de volta ao hospital, por forçar demais os músculos.

— Para cortar o jato, é preciso primeiro ter jato — divertiu-se o cirurgião.

Antes de ir embora, perguntei infantilmente ao Dr. Ricardo de quanto em quanto tempo eu deveria trocar a fralda. Completei indagando como eu ia saber se ela estava "cheia". De novo, ele se divertiu:

— Um bebê chora quando é hora de trocar a fralda. Você vai saber.

Quando saí dali, ninguém, nem os porteiros, sabiam que eu estava de fraldão por baixo da bermuda. Mas, eu sabia, e era pesado.

Em casa, fiquei fazendo hora antes de ir para o chuveiro. Até aquele dia, estava ansioso para tomar uma ducha sem sonda, para lavar os genitais sem maiores cuidados, como se faz em qualquer banho normal. Eu não entendia direito a sensação que estava sentindo. Um pouco dor, um pouco aflição, um pouco vontade de urinar. Ficava imaginando tirar a fralda "pesada" de urina.

Confuso, fui ao banheiro e me posicionei para urinar. E urinei. Com jato e tudo. Encantado, tirei a fralda e constatei que ela estava seca. Tinha dor, tinha aflição, tinha uma verdadeira confusão para identificar o que eu queria fazer, mas não tinha incontinência urinária. O esfíncter tinha sido preservado na cirurgia e estava funcionando.

Pensando em um bebê que vai desenvolvendo o controle da urina ou das fezes, o que acontecia comigo era uma coisa absolutamente natural. Naquelas circunstâncias, era quase sobrenatural. Fiquei meio sem acreditar. Cheguei a pensar: "Quem sabe eu estou é entupido?" Sabia o que significava estenose, um efeito indesejável da cirurgia que consistia no estreitamento da uretra no momento da cicatrização. Mas, se eu tinha urinado, com jato e tudo, então, o líquido estava passando.

No meio da tarde, joguei fora a fralda que tinha colocado depois do banho. Ela também estava seca. Decidi assumir os riscos, inclusive, de fazer xixi na cama quando estivesse dormindo. Durante a noite, levantei-me várias vezes para ir ao banheiro, sempre com as sensações misturadas, quase sempre com dor para urinar, mas amanheci devidamente seco. Aquela etapa estava vencida. Era dia 26 de março, ou seja, apenas 40 dias tinham se passado desde o diagnóstico. E 15 dias desde a cirurgia.

Para não perder a piada: quando um peido retumbante (pela capacidade de eliminar gases que infernizam a vida de quem sofreu cirurgia no abdômen) é um grande prazer e quando urinar no vaso sanitário, de pé, como qualquer homem, transforma-se em uma proeza, no fundo, no fundo, a situação do indivíduo não é boa.

"CONJUNÇÃO DEVASTADORA"

A assistente social Márcia Skaba, chefe do Serviço Social do Inca, avalia que "câncer e pobreza é uma conjunção devastadora", tanto do ponto de vista do acesso, quanto do enfrentamento. Vai da higiene, até o acesso à informação, ou ter um sapato para se apresentar no consultório do médico.

Ela ilustra o raciocínio com um exemplo tão singelo quanto cruel. Um paciente com prescrição de tratamento radioterápico, precisa ir ao Inca 25 vezes. "Não estou falando do cara que mora aqui no Leme, Madureira, Olaria. Estou falando do paciente que vem de Campos, que vem de Angra dos Reis, que vem de Itaperuna, doente, sem dinheiro, sem condições, 25 dias seguidos para tratar. Pára e pensa. Quem almoça e janta todo dia está lá no topo da pirâmide." E é preciso observar que os exemplos dela limitam-se ao Rio, estado de pequenas dimensões geográficas. Para efeito de raciocínio, basta imaginar estados de grandes dimensões, como Minas, Bahia ou Pará.

Não adianta, por exemplo, fazer quimioterapia num paciente que mora "no fim do mundo", em regiões despreparadas para socorrê-lo se ele tiver qualquer intercorrência a partir do tratamento. A assistente social diz que, nesses casos, o paciente pode morrer antes de retornar ao hospital. E são muitos os lugares que não oferecem qualquer estrutura de suporte para o tratamento.

Há oito anos, quando chegou ao Inca, Márcia Skaba ficava impressionada com o cidadão que ganhava salário mínimo e pensava: "Como é que ele vai sustentar quatro filhos?" Agora, diz, essa situação é "o paraíso". Quem chega para tratamento e pode ter um benefício de R$ 260 (um salário mínimo) da previdência social é considerado paciente de nível intermediário. Pobre é aquele que não dispõe de nenhuma forma de seguridade social. "A nossa grande massa de pacientes são os que não têm nenhum tipo de proteção social, o trabalho informal, não têm carteira assinada, trabalham por conta própria, normalmente em funções que demandam um esforço físico muito grande, fazem biscate de pedreiro, de carregador, coisa que eles não podem continuar fazendo." E esses, hoje, são a grande maioria.

O alto nível de desemprego no País, atesta Márcia Skaba, chega a unidades de tratamento de câncer como o Inca com "força total". Ela diz que qualquer um ficaria "enlouquecido" se ouvisse os dramas humanos que batem à porta do Serviço Social. "Tem paciente aqui que só come através de sonda", garante a assistente social. Um exemplo dramático: um paciente comprou uma lata de Sustagen para pagar em três vezes. Para honrar o compromisso no armazém, a mulher dele fazia uma faxina por semana. Para ela, isso é desumano.

"Pessoas assim não vão cumprir as recomendações, elas têm um limitador no seu tratamento. Esse paciente, na linha de enfrentamento de um câncer, tem um déficit", constata a especialista. De novo, ela cita as propagandas voltadas à prevenção ou cuidados com o câncer. E se refere a cartazes que ilustram a perspectiva de uma vida saudável mostrando "umas comidas bonitas" e distantes do que pode ser encontrado na mesa da maioria dos pacientes. Ela cobra que as campanhas precisam falar uma linguagem mais contextualizada dentro da realidade brasileira.

Delma sente na pele essa dificuldade, que vai muito além dos cartazes.

"Eu estou com 38 anos, meu colesterol é 308. Chego lá no supermercado, o *diet* e o *light* custam mais caro. Eu teria que substituir várias coisas, tipo a comida. Deveria comer menos arroz e feijão e mais frutas, verduras e legumes. Cadê? Eu com três filhos. Eu como e meus meninos não ou vice-versa. Não tem jeito. Com um salário mínimo igual o nosso, todo mundo desempregado, só minha filha trabalhando, vivendo de bolsa-escola. E aí? Eu vou me dar o luxo de comprar o *diet*?"

As políticas sociais também não resistem à realidade dos pacientes. Márcia Skaba diz que, em oito anos, só viu um paciente ser beneficiado com um salário mínimo mensal por ter câncer e não ter renda, como preconiza a Lei Orgânica de Assistência Social (Loas). A política, diz ela, é excludente, pelo simples fato de não conseguir "incluir" ninguém. Para enquadramento no benefício da lei, é preciso checar as condições do doente, para ver se ele atinge um escore predeterminado. "Escore é a coisa mais ultrajante, tipo anda, não anda, tem braço, tem perna, se penteia, não penteia. Pega uma mulher mastectomizada, que não come, mas anda, penteia o cabelo. O perito vai lá e não dá o direito a ela", denuncia Skaba.

O cirurgião Aristóteles cita uma situação ligada à realidade social brasileira. Um morador de rua precisava operar a próstata. Fez os exames necessários no Inca e desapareceu. Como não tinha endereço, os encarregados não tinham como chamá-lo quando surgiu a vaga para a internação e cirurgia. Até que, um dia, ele "apareceu" no hospital. Só, então, foi operado.

Mas o problema não acaba aí. Depois de operado, como ele ia para a rua com sonda, por exemplo? Nesses casos, é necessário que a assistência social consiga um albergue para ele ficar. Isso causa problemas no tratamento, como explica o cirurgião. "Determinados pacientes, que moram num lugar não muito salubre, vão levar uma ferida aberta? Vão ter complicações. Quem mora num apartamento, ou numa casa boa, pode ser orientado a fazer curativo em casa."

Márcia Skaba explica que, por questões como essas, a alta médica só pode ser dada com anuência da área social. "Dar alta para um paciente amputado, que mora numa cobertura da avenida Vieira Souto, é uma coisa. Dar alta para um paciente amputado, que mora lá em cima no morro do Chapéu Mangueira, é outra. Ele não tem como subir. Temos que montar uma estrutura social para que esse paciente possa sair do hospital."

Mas isto não é simples. O Serviço Social fica sempre entre a cruz e a espada. Enquanto não conseguem montar essa "estrutura" favorável, a assistência social não autoriza a liberação de um paciente com alta médica. Só que aquele leito, ocupado por um paciente que, clinicamente, já poderia estar em casa, faz falta para outro cidadão que precisa ser internado e tratado.

Uma enfermeira de centro de saúde em Belo Horizonte disse que, angustiada com a demora no início do tratamento de algum doente e por temer que a doença progrida, chega a orientar os pacientes a procurar um advogado para impetrar mandado de segurança e garantir o atendimento.

No balde, de olho em mim

Em 29 de março, retornei ao consultório do Dr. Jurandir, sem sonda e sem fralda. Ele disse que eu estava de parabéns. Devolvi o cumprimento. "O senhor é que está de parabéns." Ele aceitou: "Então, estamos de parabéns." Brinquei que ele era um verdadeiro mão-leve. Sentia-me agradecido pela eficiência dele na preservação do esfíncter.

Pedi autorização a ele para cuidar do dente de siso que me incomodava desde antes da cirurgia. Ele consentiu e foi solidário: uma dor de dente junto com aquele processo todo era perfeitamente dispensável.

Com a biópsia na mão, perguntei se podíamos falar em cura. "Vamos com calma", respondeu ele. Depois, perguntei quando poderia voltar à atividade sexual. "Com 90 dias de operado", disse ele.

Foi uma ducha fria. Eu não entendi, ou fiz que não entendi. Três meses me pareciam uma eternidade. Ele quis saber se eu tinha apresentado alguma ereção. Não, não tinha. Avisou, então, que se eu tivesse ereção, que não fizesse nada, ficasse quieto.

Insisti na questão dos 90 dias até ele se irritar. Falou, então, como a uma criança: eu deveria, de fato, esperar 90 dias antes de fazer qualquer tentativa sexual. "Isso pode sangrar", avisou.

Perturbado, esqueci de perguntar quando eu poderia voltar a dirigir. Da rua, liguei para a secretária dele e recebi o retorno do médico: depois de 30 dias. No dia seguinte, voltei às aulas na PUC Minas. Acabava aos poucos minha licença médica. Trabalhei aquele resto de semana e a seguinte era recesso da Semana Santa. Isso permitiu que eu retornasse a todo vapor em 12 de abril, um mês depois da cirurgia.

Saí do consultório naquele dia com um pedido de cultura de urina para fazer na segunda-feira seguinte. Segui à risca a orientação e o resultado indicou o esperado: eu tinha infecção urinária, herdada da sonda. Era uma bactéria resistente e o próprio laboratório indicava a que drogas ela era sensível. Passei o resultado por fax e, por telefone, o Dr. Jurandir me receitou 14 injeções de amicacina, que eu deveria tomar a cada 12 horas.

Na mesma noite, fui procurar a injeção. Não podia ser encontrada em qualquer farmácia. Tratava-se de antibiótico antigo, pouco receitado. Tão antigo quanto doloroso. As injeções eram terríveis. No final dos sete dias de tratamento, eu precisava fazer compressa de água quente depois da injeção da manhã, para suportar a da noite. Aquilo me deprimiu. Como se o tumor, lá do balde, ainda estivesse de olho em mim. Além das injeções, mais 30 dias de um remédio oral, para garantir que a infecção seria debelada. E foi. Ao final da medicação nova cultura mostrou que não havia mais bactérias.

Na semana das injeções foram realizados os grupos de discussão da pesquisa qualitativa na sede do instituto Síntese. Assisti a três deles pela sala de espelho (em que você vê sem ser visto) e tinha dificuldades para permanecer sentado, por causa da dor das injeções. Por vezes, me emocionava com a fala dos membros dos grupos, por pura identificação.

“Ele devia dar um sinalzinho, né?”

Contar ou não contar a verdade ao doente é um tema que instiga as pessoas. Em geral, em todos os grupos, elas são favoráveis a contar, mas nas falas fica sempre presente, ainda que nas entrelinhas, a idéia de que quem tem câncer, mais cedo ou mais tarde, vai morrer por isso.

— Acho que deve saber de tudo. A doença te dá um tempo para você pensar. E agora pra frente? Eu paro, caminho? Não podia comer pizza, vou comer uma pizza hoje. Sabendo, tem como planejar alguma coisa para a frente. Principalmente, se o médico tem condição de estabelecer um tempo de vida.

— Ele precisa saber o que está acontecendo com ele.

— Você tá doente, tá só afinando, afinando, vai morrer sem saber o que você tem?

— Se eu tenho uma doença da qual a medicina não encontrou 100% de cura, a minha participação nesse processo é muito grande.

— Depende da pessoa, se ela tem possibilidade de encarar as coisas, de saber da realidade e daí tomar uma postura para ajudar no tratamento.

— Acho que deve ser dita a verdade, mas nem toda a verdade deve ser dita naquele momento.

— A pessoa tem que saber para querer brigar com a doença, para poder ficar boa.

— Até pouco tempo atrás, escondiam a doença. Os médicos não falavam, a família não falava. Hoje em dia, tem que falar abertamente para ir atrás de recursos. Todos os recursos que tiver condição de buscar, tem de ser buscado.

— Se a pessoa tiver um câncer, de uma forma ou de outra ela vai saber, pelo tratamento.

— Não nos compete julgar o que pode achar daquilo ou não achar. A partir do momento que a pessoa tem um problema e, evidentemente, cada um tem o seu, se a gente pode lidar com aquela pessoa de uma forma direta, isso contribui de alguma forma que, pelo menos, fortalece seu ego para ela enfrentar aquilo.

Mas, de maneira também geral, vem a relativização. Quando é morte certa, para que contar?

— Se está em estágio terminal, não tem que falar, tem que conversar, apoiar, mas não falar.

— Depende da idade da pessoa, do estado da pessoa.

— Depende do tipo da doença, das chances que ela tem de curar.

— Uma pessoa de 80 anos, para que submeter ela ao sofrimento de saber que está com câncer?

— É irrelevante a pessoa ter esse conhecimento, dependendo do estado.

— Em função de pessoa não ter uma certa fortaleza para encarar aquilo, saber pode atrapalhar.

Isso, mesmo quando o mais provável é que a pessoa fique sabendo, como raciocina Delma:

— A mãe do meu patrão morreu sem saber que tinha câncer. Esconderam dela porque já era de idade. Foram enganando que era reumatismo. Ninguém contou. Mas eu acho, na minha cabeça, pelo estudo que ela tinha, lia muito, sabia muito, pelos médicos que ela ia, os exames que ela fazia, tudo isso deve ter mostrado para ela que aquilo não era reumatismo.

E tem gente que não quer ficar sabendo de nada se o problema for com ela, como Araci:

— Preferiria não saber de nada. Basta dizer que você está doente, pronto, acabou. Porque eu tenho muito medo da morte, a verdade é essa. Se eu descobrisse que estou com câncer, morreria hoje mesmo, não duraria nem um mês.

Aristóteles Wisnescky avalia que o maior interessado na doença é o doente. Se ele é informado que tem um tumor e que há possibilidades de tratamento, ele não vai querer sair do consultório e "se jogar na frente de um ônibus".

Um conceito bastante impregnado pelo estigma do câncer é quanto à possibilidade de cura da doença. Modernamente, a idéia da necessidade de diagnósticos cada vez mais precoces para permitir a cura parece bem disseminada entre a população, mas isso não livra o câncer da associação imediata com sofrimento e morte. Boa parte das pessoas tem uma história para contar sobre gente que teve câncer e se curou, incluindo aí as figuras públicas como Ana Maria Braga e Patrícia Pilar. Mas as histórias que terminam em morte predominam.

— Câncer não tem cura, senão o Leandro não tinha morrido. Leandro, não, o Leonardo.

— O câncer não tem cura. Pode até levar um tempo para você durar, uns anos, com ele no corpo, tomando medicação. Mas não tem cura.

— Quando fala na televisão que câncer agora tem cura, é uma ilusão. Não tem.

— São dois tipos de câncer: o benigno e o maligno. Então, vai do estágio dele. Se a pessoa descobre no iniciozinho, você tem uma chance.

— Se a gente pega lá no comecinho, eu acho que tem chance.

— Eu tenho um vizinho que teve no intestino. Operou, sarou.

— Uma vizinha minha também teve, mas não agüentou. Fez tratamento de todo jeito e morreu.

— Câncer, ou faz cirurgia ou não tem mais jeito. É triste

— Já perdi dois ou três amigos com câncer.

— Até hoje não descobriram um tratamento que não seja esses produtos químicos. Esses químicos só pioram mais a pessoa. Igual esse cantor que morreu. Quando detectou e ele foi tratar, não durou mais que seis meses. A quimioterapia que eles usam é muito forte.

— O único que eu conheci que teve câncer, já morreu.

A avaliação de Dagmar é radical:

— Pela ciência, eu ainda não acredito que câncer tem cura. Mas em Deus tem. Se você tiver fé para vencer ele, tem cura, sim. Na ciência, até hoje, não vi nada que me deu a entender que tem cura.

A idéia de inimigo poderoso e silencioso também está disseminada. A doença, pelo senso comum, é mais grave ainda quando dá algum sinal, como se vê nesse diálogo entre Amália e Araci.

— Quando a pessoa descobre, normalmente, é num estágio de baixa resistência. O cantor mesmo, o Leonardo, o Leandro, quando ele descobriu, foi rápido.

— Descobriu quando sentiu dor. Pra sentir dor, já estava no último estágio.

— O câncer devia dar um sinalzinho, né?

Como teve um tumor sem sintomas, descoberto por acaso, Amado também construiu essa certeza: "Quando ele chega a mandar aviso, pode encomendar o caixão que a coisa tá feia."

Quem passou pela doença, percebe que as pessoas sempre agem como se tivessem uma espécie de certeza de que aquilo vai voltar mais cedo ou mais tarde. Amado conta que tem dificuldades em falar que ele *teve* um câncer. A tendência do interlocutor é pensar que ele *tem* um câncer.

— No fundo, no fundo, podem estar pensando assim: "Coitado, ele acha que teve.' O câncer é um negócio tão ruim, pelo histórico dele, que o camarada fala assim: 'Ah, daqui a pouco ele está aí, chiando de novo, está esburacando do outro lado, saindo um trem em outro lugar.'

Davi confirma isso: "O doente mesmo sempre suspeita, mesmo que esteja curado. No fundo, no fundo existe uma insegurança." De fato, no fundo, no fundo, Amado ainda se incomoda com a possibilidade da volta do tumor: "Esse é o único grilo. Não vou mentir que tenho essa ressalva. Fico preocupado."

Uma "carência" providencial

As semanas que se seguiram foram de trabalho e espera. Isso incluía "tirar" as fitas gravadas dos grupos de discussão. Foi um trabalho que me absorveu muito, pela riqueza do conteúdo. Com a prática adquirida por quem começou a vida de trabalhador como operador de telex, digitei com muita rapidez todo o conteúdo daquelas fitas. Nesse período, as apurações para o livro incluíram duas viagens ao Rio, para entrevistas no Instituto Nacional do Câncer.

Em algumas noites, três, para ser preciso, acordei começando a urinar. Molhava a calça e ficava preocupado. Isso me deixava inseguro. Era um tempo em que levantava várias vezes à noite para ir ao banheiro. E, nessas vezes, aconteceu de começar a urinar antes de me levantar, ou antes de acordar. Minha vontade de ir ao banheiro era mais urgente do que antes da cirurgia. Sentia que meu controle era frágil.

Foi nessa época que tomei conhecimento do caso de um cidadão de 57 anos que fez prostatectomia e passou a depender de um fraldão. Ele tinha escondido a doença durante um ano, por medo de operar. "Ele é muito teimoso e está pagando caro pela teimosia", comentou uma ex-namorada dele.

Um fato novo começou a acontecer. Uma jornalista minha conhecida, informada sobre minha doença e minha cirurgia, solicitou que eu a acompanhasse em uma visita ao pai dela, operado três dias antes, no Hospital da Previdência, em Belo Horizonte. O objetivo principal era que ele visse alguém restabelecido de uma cirurgia igual. Meio sem graça, fiz a visita. O pai dela revelava ter pouca informação sobre o processo da doença e do tratamento. Como sentia dores, possivelmente ligadas a gases, igual tinha acontecido comigo, chegava a supor que isso significasse que o câncer já estava espalhado pelo abdômen.

Dei a ele as informações possíveis, inclusive sobre a necessidade de fixar a sonda na perna, para não machucar a uretra. Não tinham feito isso no hospital em que ele estava. Falamos do pós-operatório e da fase de convalescença. Parecia claro que os médicos que o atendiam pouco tinham conversado com ele sobre essas coisas. Ele tinha que descobrir por si, como parecia ser comum entre as pessoas operadas. Um outro conhecido meu que passara pelo mesmo processo chegou a comentar que o médico dele não era de conversar muito sobre tudo que envolvia a doença e a cirurgia.

Como eu tinha tentado lidar com naturalidade com a minha situação, um outro amigo ligou-me perguntando se eu me dispunha a conversar com um conhecido dele, que acabara de receber um diagnóstico de câncer de próstata. Claro que concordei. O cidadão me ligou e, em longa conversa por telefone, tirei várias dúvidas que ele tinha e, possivelmente, lancei outras que ele nem tinha ainda. Uma outra pessoa apresentou-me uma demanda semelhante. Mas o paciente interessado nunca me ligou. Cada um tem seu momento.

Meu cunhado Sérgio, que me visitou antes da operação em perfeitas condições de saúde, pelo menos aparentemente, apresentou sintomas ligados ao pâncreas durante a Semana Santa e acabou operado. Teve complicações no pós-operatório, permaneceu 46 dias no hospital, entre a UTI e o quarto, até voltar para casa. Viveu mais dois meses com relativa qualidade de vida, livre de medicamentos, convivendo com a família. Suas duas filhas — Adriana e Luciana — estavam grávidas. Ele viu nascer o filho de Luciana, mas não pôde esperar o de Adriana. Quando o câncer se manifestou no fígado, foi uma questão de dias. Ele tinha 59 anos.

Estive próximo do Sérgio e de minha irmã Anete, inclusive podendo transmitir a minha "experiência" adquirida, ainda que o quadro dele tenha sido, todo o tempo, muito mais severo que o meu.

Isso era novo na minha vida. Fazendo um exame de consciência, reconheço que estive pouco presente, para não dizer ausente, em processos semelhantes ao meu vividos por parentes e amigos. Na prática, comportei-me como percebi que muitas pessoas fizeram no meu caso. Se não cheguei a ser omisso, no mínimo, não soube como agir e acabei permanecendo distante. Isto é válido também para o processo do câncer de próstata que acabou levando à morte o meu irmão Washington.

Na minha recuperação, as primeiras "ameaças" de ereção eram dolorosas. Havia a vontade, o desejo, a libido que precisavam ser ignorados, ou contidos. Como eu tinha recomendação expressa de não tentar nenhuma forma de estímulo, ficava completamente sem saber o que aquilo tudo significava. Na prática, eu não sabia se estava indo bem ou mal na recuperação dessa parte. Procurava avidamente na internet informação sobre o assunto, inclusive sobre esse prazo de 90 dias estabelecido pelo cirurgião. Parecia-me exagerado, mas quem era eu para questionar. Muito pouco encontrei. As estatísticas disponíveis sobre a retomada sexual nunca eram inferiores a três meses da cirurgia. E se referiam a prazos como 18 meses. Eu não tinha como saber o que aconteceria comigo.

Com os amigos mais próximos, eu comentava sobre a "carência" de três meses. Dizia para eles que estava contando nos dedos mas, por outro lado, comemorava o longo prazo que tinha para a recuperação. No fundo, eu sabia que, se fosse autorizado a ter relações sexuais, não seria capaz. Eles não perdoavam: ninguém perdia a piada. E avisavam que iam cobrar os resultados ao final do prazo. *Muy* amigos.

Eu me lembrava sempre da velha piada que dizia o seguinte: um velhinho amanheceu com uma ereção plena e mostrou logo para a velhinha dele. Animada, ela propôs:

— Oba, vamos aproveitar.

Ele não quis nem saber:

— Aproveitar, nada. Eu vou é na esquina mostrar para os meus amigos.

"O QUE É VITÓRIA PARA VOCÊ?"

O oncologista Roberto Carlos Duarte, chefe do Serviço de Oncologia do Hospital Felício Rocho, em Belo Horizonte, faz uma afirmação e uma indagação singelas:

"O médico consola o paciente e suas famílias. E quem consola o médico?"

Ele conta que avisa sempre aos seus residentes que eles devem se preparar para travar um "diálogo interminável com a morte", porque é com ela que o oncologista lida permanentemente. É um profissional preparado para buscar vitórias sobre a morte. E cada perda profissional representa também uma perda afetiva, por causa dos laços que vão sendo formados com o paciente.

Aristóteles Wisnescky diz que, ao longo dos 20 anos de experiência, aprendeu a tentar se livrar da perda afetiva, mesmo reconhecendo que a vivência não leva o profissional a temer menos o inimigo poderoso. "Só evito ficar amigo dos pacientes. Quando você começa, está mais novo, é diferente. Aí, fica amigo de alguns pacientes e perde esses pacientes. Com o tempo, como você lida o tempo todo com isso, mantêm uma relação, às vezes, até de uma certa amizade, mas não de muita intimidade. Eu não freqüento festa, não vou à casa de paciente de maneira nenhuma."

Fabio Peixoto, que trata há sete anos de doentes com câncer, diz que, normalmente, é "bastante amigo" dos pacientes. Conta que tem parente de doentes que morreram há cinco, seis anos, que ainda liga no dia do aniversário do médico. Mas, ele aprendeu que não é uma lembrança boa para as pessoas, porque sua ligação com elas é em momentos de dor.

"Eu sou lembrado sempre num momento ruim da vida seja lá de quem for. Você teve um pai com câncer, teve um oncologista que tratou dele. Então, sou sempre lembrado como uma má lembrança. Esse é o lado ruim dessa relação. Você quer ser lembrado como uma boa pessoa. Mas, muitas vezes não é assim. São lembranças de uma fase ruim. Por mais vitoriosa que ela seja, eu sou lembrança de uma fase ruim. Ao ligar para mim, ele vai lembrar do pai, do sofrimento dele. Ligar é um reconhecimento de que você está fazendo a coisa direitinho."

O oncologista relativiza o conceito de vitória no caso de tratamento do câncer quando confrontado com a pergunta sobre se, na oncologia, há mais derrotas do que em outras especialidades.

"O que é vitória para você? Se eu tenho um doente com uma doença avançada, com uma metástase disseminada, qual é o nosso objetivo? Aumentar a sobrevida dele no que for possível e associar qualidade de vida. Eu não vou mexer em mais nada. Tenho que melhorar a qualidade de vida dele. Se eu trabalhar com isso e fizer com que ele passe esse período que ele tem que passar até o evento final com qualidade de vida, isso para mim é um objetivo alcançado, sem sofrimento, sem dor."

O médico exemplifica: o objetivo do paciente é ficar curado, mas, por vezes, é preciso levá-lo a mudar esse objetivo, porque a cura não vai acontecer. Então, se o paciente estiver acamado, o próximo objetivo passa a ser sentar na cama. Aí, parte-se para o próximo passo. Aos pouquinhos, "igual nenenzinho". Cada passo desses, para Fábio Peixoto, passa a ser uma vitória.

"Temos que desmitificar o que é o câncer. A idéia de todo mundo é 'eu vou morrer'. Morrer eu também vou. Em quanto tempo? A primeira preocupação é 'eu vou morrer'. E a segunda preocupação é quando. O outro parâmetro é o tempo, tempo de vida. Depois que a gente pensa em tempo de vida, é na qualidade de vida. A gente tem vários objetivos a percorrer. Se o doente não está sentindo nada, vai ficar pensando em morte por quê?"

Jurandir Costa diz que a possibilidade de fazer o diagnóstico precoce permitiu que o médico possa "fazer mais" pelo doente. E facilitou esse trabalho de desmitificação, a partir do momento em que é possível combater e vencer o câncer.

"Mudou da água para o vinho. Antigamente, a gente não fazia diagnóstico precoce, diagnosticava os casos já avançadíssimos. E era muito frágil, porque a gente, na prática, fazia pouco pelo paciente. Hoje, o contato com o paciente melhorou muito nesse aspecto. Aqui no meu consultório — não digo no serviço público — eu falo tranqüilamente para o paciente o que ele tem o e que ele deve fazer."

Mas, há momentos delicados para o médico, como na hora de falar sobre uma recidiva ou agravamento da doença.

"Quando é um prognóstico ruim, é mais difícil para mim e para o paciente. É a consulta difícil, é a parte ruim da especialidade. Dar a notícia ruim", lamenta Fábio Peixoto.

"Aí é mais complicado. Vai dando a sensação de que o tratamento inicial não foi bem sucedido, que a doença dele é mais avançada. É mais difícil lidar", concorda Jurandir Costa.

Para Roberto Carlos Duarte, a família costuma precisar de cuidados, tanto quanto o paciente porque ela, eventualmente, sofre mais. Ele explica que o doente constrói defesas psicológicas e tende a acreditar que seu estado é melhor do que a realidade. E a família, ciente do quadro real, vê impotente o ente querido se esvaindo.

Antenor traz, na pesquisa, um caso peculiar em que o doente, com câncer no pulmão, acreditando na cura, não "estruturou" a família, que ficou em má situação.

"Ele chegou a um ponto que não adiantava mais tratamento. Ficou fazendo tratamento alternativo. O cara ficou na esperança até morrer. Não ajeitou a vida dele, não planejou a morte dele. A mulher sabia que ele ia morrer, mas a família dava todo apoio. 'Toma isso aqui, você vai melhorar.' Ele acreditou que não morreria e morreu. E não estruturou a família."

Essa situação aparece no cotidiano do HC-4, quando pacientes se recusam a tomar morfina, que ajuda no combate à dor. "Eles falam assim: 'Eu não estou tão mal assim, eu não preciso tomar. Eu não tenho dor, por que preciso tomar?' Mas ele não entende que não tem dor porque faz a medicação controlada. Aí, ele diz: 'Não vou tomar mais.' Tem um mito em cima da morfina que ele passa a tomar um medicamento mais forte, mais potente que a morfina, e se sente superbem. Ele associa assim, se estou tomando morfina, é porque estou muito mal. Estou morrendo", informa Rosilene Pires.

Teresa Cristina Oliveira relata que é comum a assistente social orientar a mulher de um paciente a procurar um psicólogo, mesmo que, muitas vezes, ela não possa fazer isso por não ter com quem deixar seu doente. Nas visitas domiciliares da unidade HC-4, psicólogos fazem parte da equipe, inclusive, para atender aos familiares. Crianças e adolescentes da família também são encaminhados para acompanhamento psicológico.

Outra tentativa é de preparar a família para o "evento final" do doente. Depois da "finalização", o cuidador pode precisar de atendimento psicológico para lidar com a perda. A figura do cuidador é tão demandada pela situação de dependência do doente que deixa de cuidar de si. Por exemplo, um cuidador hipertenso pode relaxar no controle de sua própria doença.

Tanto drama não poupa os profissionais que lidam com os doentes. A enfermeira Marli Ferreira Amorim diz que procura "selecionar" na cabeça os problemas que leva "para casa" no final do dia, de tantas e tão graves que são as histórias com que convive. "Senão a gente não dá conta", conclui. Outra enfermeira, Simone Meire, diz que acaba ficando mais sensibilizada com o sofrimento de crianças.

Rosilene Pires conta que, muitas vezes, coloca-se na situação do doente. E lembra que teve uma crise de choro quando atendeu uma paciente com a mesma idade dela, acompanhada da filha, que tinha também a mesma idade da filha da assistente social. "Eu me vi naquela situação, de minha filha me olhando deitada daquela forma, sem responder." Ela não esconde que, muitas vezes, os profissionais ficam mobilizados em relação aos casos ao ponto de procurar apoio psicológico.

Fábio Peixoto diz que, até entre os estudantes de medicina e mesmo médicos, há um estigma quanto ao manuseio do doente oncológico, situação vista de maneira diferente pelos profissionais de outras especialidades. Aristóteles Wisnescky revela que, no início da carreira, tinha que passar sempre em frente ao Hospital do Câncer do Inca, na praça da Cruz Vermelha, e falava que nunca ia trabalhar naquele lugar. "A aparência do hospital, na época, não era muito convidativa", diz o cirurgião, que trabalha no local há 20 anos.

Márcia Skaba afirma que, mesmo o funcionário, a pessoa que convive com o câncer, tem um diferencial na sociedade, e que a experiência dela mostra que os pacientes reproduzem muito isso. Como é também socióloga, afirma que nenhum de seus colegas de profissão imaginava que ela ia "virar" assistente social do Hospital do Câncer. "Nossa, você é do Inca, Nossa Senhora!"

O trabalho na oncologia, na visão de Fábio Peixoto, faz o profissional ver "diferente" e valorizar mais as coisas da vida. Roberto Carlos Duarte observa que isso acontece também com pacientes que descobriram o câncer a tempo e se curaram. E dá o exemplo do cidadão que classificou de sorte o fato de ter tido um câncer, o que, segundo ele, teria feito com que mudasse para muito melhor seu estilo de vida.

Amado, com sua experiência de vítima do câncer, também tem uma narrativa nesse sentido. "Você começa a enxergar a vida de outra perspectiva. O que todo mundo mais quer na vida hoje é vencer, é ter um dinheirinho legal no bolso. Eu estudo desde 97. Dedicava sábado, domingo, feriado, só estudando, estudando, estudando. Hoje, eu não estou correndo muito atrás mais. De repente, perdeu o sentido fazer da forma como eu fazia. Posso até voltar a fazer, mas de forma diferente."

Camila, depois da cirurgia e da quimioterapia, também mudou seu estilo de vida, até pela falta de garantias quanto ao futuro. "Estou fazendo radioterapia. Por que estou fazendo? Meu médico me falou que pode voltar o câncer no mesmo lugar. Quanto tempo eu tenho de garantia? Nem um dia de garantia. Vou tomar um medicamento durante 5 anos, custa 340 reais a cartela. Que garantia eu tenho? Nenhuma. Mas eu tenho que viver, não tenho? Vou ter que viver. O tumor pode voltar maior e eu vir a falecer. Mas, enquanto isso não acontece, estou procurando viver bem. Danço, passeio, namoro, estou viajando, coisa que nunca fiz. Não quero voltar à escola. Não quero trabalhar mais, quero aproveitar a vida."

"O diagnóstico é tão cruel que mostra quanto a pessoa é vulnerável", conclui Roberto Carlos.

Mesmo assim, avaliam as assistentes sociais do HC-4, a personalidade de quem tem um câncer não muda.

"A gente pensa que depois que a pessoa está doente ela vai ficar uma maravilha de pessoa e não tem nada disso. Ele é uma pessoa com defeitos e vai continuar assim", atesta

Teresa Cristina. Para Rosilene Pires, uma pessoa naturalmente arrogante, vai continuar arrogante com ou sem o câncer. O amargo vai continuar amargo. A ponto de alguém chegar na enfermaria, dar bom-dia e o paciente reclamar. "Não sei por que você está me dando bom-dia." Esses, diz ela, vão continuar mal-humorados, maltratando a família.

Um fator que provoca mudanças, segundo elas, é quando, no processo da doença, o cidadão se apega a alguma religião. Aí, sim, apresentam uma mudança de comportamento, de pensamento, de ações.

De qualquer maneira, parece certo que o modo de ser da pessoa é capaz de interferir no tratamento.

"Tem paciente que é negativo. Tem outro que é otimista. O negativo sempre acha que vai piorar, que vai ficar doente. O otimista sempre acha que vai melhorar. Às vezes, está piorando, algum exame, alguma coisa, mas ele tem esperança. E isso ajuda. O negativo tem mais dificuldades para enfrentar", confirma Aristóteles Wisnescky.

Também, o estigma que cerca o câncer leva o paciente a se sentir especial. "Tudo é conseqüência do próprio tabu. Tem um tabu que é uma doença especial e ele se sente diferente", analisa Fábio Peixoto, ressalvando que, no caso, é um especial negativo.

Roberto Carlos Duarte dá um exemplo de como esse sentimento ligado ao estigma se manifesta: "O sujeito abre a camisa e mostra que fez cirurgia de ponte de safena. Mas não conta que fez cirurgia de próstata."

Um inteiro de 100 miligramas

O tempo passava e, às vezes, eu chegava até a esquecer o câncer. Encontrei com o jornalista Ernani Rabelo num supermercado. Formal, ele disse que eu sabia que ele gostava muito de mim e que ouvira umas conversas que envolviam meu nome. Sem que a ficha caísse, pensei que tipo de conversas seriam essas a meu respeito. Até que ele se referiu a uma possível doença. Ri muito ao confirmar que, de fato, eu me submetera a uma cirurgia para extirpar um câncer.

Mas outro tipo de reação continuava a chamar minha atenção. Uma ex-aluna minha soube do meu câncer e, em gentil telefonema, saiu-se com essa: "Quem bom que Deus nos deu a chance de continuar com você entre nós na passagem por esse mundo."

Um dos meus entrevistados para o livro seria o Dr. Jurandir. Confesso que me vali disso para tentar antecipar o retorno a ele. Marquei consulta e entrevista para 28 de maio, uma sexta-feira. Queria gravar e, quem sabe, pedir autorização para considerar cumprido o prazo de 90 dias. Na verdade, quase 80 tinham se passado. Ocorreu que urgências médicas obrigaram o cirurgião a cancelar o horário. Minha ansiedade era muito grande. Por aquela época, o controle urinário era praticamente igual ao que eu tinha antes da cirurgia. A única mudança é que o decantado "pingo da cueca" depois da micção tinha se transformado em pingos. Mas nada que exigisse maiores cuidados. Eu podia passar tardes inteiras na rua, por exemplo, sem ir ao banheiro. E a necessidade de levantar à noite para urinar ia diminuindo. O organismo ia se acertando.

Por telefone, combinei novo dia com o Dr. Jurandir e disse a ele que estava ansioso pela liberação para o recomeço da vida sexual e para fazer o primeiro PSA depois da cirurgia. Ele relutou, mas acabou concordando que, como faltavam poucos dias, eu poderia começar. De novo, quis saber sobre as ereções. Informei que não era nada digno de correr na esquina e mostrar aos amigos. Uma situação de "meia-engorda", como se diz em Minas. Ele pareceu dar-se por satisfeito.

Disse a ele que o cardiologista Marco Aurélio Toledo havia recomendado que, quando autorizado pelo cirurgião, eu começasse tomando meio comprimido de Viagra de 50 miligramas, porque a droga costumava provocar dores de cabeça fortes. Com sua experiência de quem faz prostatectomia há décadas, Dr. Jurandir não teve dúvidas: eu devia tomar logo um comprimido inteiro de 100 miligramas. Era fácil perceber que o cirurgião temia que ao problema físico se somasse um psicológico, em caso de frustração no processo de retomada da vida sexual.

Nem tanto ao mar, nem tanto à terra. Inseguro, confuso, tomei um comprimido inteiro de 50 miligramas. O resultado também não foi digno de correr na esquina, mas eu podia ter uma vida sexual e isso era muito bom. Tem outra piadinha, bem curta, referindo-se a um velho que comenta: "Endurecer, endurece, mas não trava."

Como não tive a tal dor de cabeça, no fim de semana seguinte tomei o Viagra de 100 miligramas. O resultado foi melhor. Depois, experimentei o Cialis, que tem um efeito mais duradouro. Pareceu mais adequado, uma vez que não há "hora marcada" para a relação sexual. Se o efeito dura até 36 horas, é como se a gente ficasse protegido para realizar o ato sexual mais naturalmente.

Eu pude perceber que a "melhora" seria gradativa, porque nem da dor diante do movimento de ereção eu estava ainda totalmente livre. Simultaneamente, começaram a ocorrer ereções espontâneas durante a noite. Deixava para o tempo responder se eu me livraria do Viagra e se as ereções voltariam a ser plenas.

No dia 17 de junho, voltei ao Dr. Jurandir para uma consulta e para realizar a entrevista. Diante do quadro, ele disse que eu tinha todas as condições de voltar a uma vida sexual normal, mas não estabeleceu prazos. "O melhor remédio para você agora chama-se tempo", sentenciou.

Constatei que a existência de drogas como o Viagra era uma benção para quem se submetia a uma cirurgia como a que tive de encarar. Mas não pude deixar de pensar que homens pobres que passam pelo mesmo processo, também nesse caso, terão dificuldades de acesso. Um comprimido de

Viagra de 50 miligramas não é encontrado por menos de R$ 20,00 (R$ 80,00 a caixa com quatro comprimidos). O de 100 miligramas salta para R$ 30,00 cada.

Merece registro o que aconteceu com a sensação de gozo. Como tinha sido com a vontade de urinar, as primeiras vezes foram absolutamente confusas. Alguém que não tem próstata não tem também ejaculação. E o gozo masculino pressupõe as contrações que levam à ejaculação. Esse movimento acontecia, mas não havia o que sair. E, sem fazer piada, era muito mais uma aflição do que um gozo. Com a repetição, a sensação foi clareando e, certamente, não era a mesma de antes. Passou a ser claramente um gozo, mas diferente. A descrição é difícil de ser feita, mas o gozo fica mais difuso, sem estar concentrado naquele percurso do esperma. Alguém poderia dizer que é um gozo mais próximo do feminino. Sem saber como é um gozo feminino, não posso responder nem comparar.

Com exatos três meses da cirurgia, colhi o sangue para medir o PSA. Era o primeiro exame depois da cirurgia e, eu bem sabia, o resultado deveria ser próximo de zero. Dois dias depois, no final da tarde, apanhei o resultado. Eu estava confiante, mas a ansiedade sempre brota. Aberto o envelope de plástico transparente, lá estava escrito: PSA ULTRA SENSÍVEL: 0,01 NANOG/ML. Isso era bastante próximo de zero.

Até segunda ordem, estava livre do inimigo silencioso, poderoso e cruel.

A NOVELA CHEGA AO FIM

Na nova data, Vero fez a biópsia, desta vez seguindo direitinho as instruções de preparo. Esperou ansioso pelo resultado, que buscou em 30 de agosto. Mas só no final de setembro mostrou o exame a um médico. Exasperado com a demora pela marcação com um urologista, procurou um clínico geral no Centro de Saúde da própria Vila Cemig, onde morava.

Aí, o alívio. Vero não tinha câncer. O clínico leu o resultado e explicou para ele que havia um crescimento da próstata, mas não era razão para desesperar. Vero repete as palavras do médico, que ouviu e decorou: "Não deu problema de câncer. Pode ficar tranqüilo." Podia mesmo. Lá estava a conclusão da biópsia, agora conclusiva: "Hiperplasia nodosa benigna da próstata." Apenas um dos termos atraiu a atenção de Vero na hora da leitura do médico: "Benigna, essa palavra eu não vou esquecer."

— Eu tava preocupado demais. O negócio vai só demorando, demorando, complicando mais. O médico me pôs mais alegre. Deus ajude que seja verdade — deseja o dono do bar que, como bom mineiro, mantém um pé atrás até soltar as amarras e comemorar: "Beleza! Deus é bom pai. A gente reza muito."

Rezou e fez promessa a Nossa Senhora Aparecida. Comprometeu-se a levar para ela um manto azul, se desse "tudo beleza". Agora, Vero vai deixar o bar fechado por uns dias, enquanto viaja a Aparecida do Norte para cumprir a promessa.

Ficou fácil para ele pagar a promessa feita à Santa, depois que o sono e o apetite voltaram. No dia da consulta com o clínico, conta Vero, ele chegou em casa e comeu com muito mais vontade a comidinha de sempre. Também, voltou a dormir depressa, diferente do tempo em que esperava pelo resultado do exame. "A gente deita na cama e custa a dormir, preocupado com o câncer." Mas o homem ainda não se conforma com a demora para a conclusão de todo o processo.

"Se o cara estiver a perigo, ele morre. Demora demais até que marca essas consultas. Gastou um ano para eu ter essa notícia boa. Vamos supor que fosse uma notícia ruim. Mais quanto tempo eu teria que esperar, mais quanto tempo ia demorar?", pergunta o dono do bar.

Vero esperou mais de um ano para saber que estava livre do câncer que tanto temia e pôde comemorar bem leve seus 63 anos completados em 1º de outubro. "Agora eu desmamei, agora tô bão, tô despreocupado."

“Tempero espiritual”

Muito mais do que coragem e disposição para o enfrentamento, que exercitei por pura falta de alternativa, o que eu tive foi sorte, apesar do azar de desenvolver um tumor maligno. Não vi o lado mais feio do câncer, não sofri o mal-estar de ataques e batalhas como a quimioterapia que tanto agride a portadores do mal. Não vi a cara do meu inimigo, nem percebi sua presença. O que senti foram as conseqüências de sua ausência, depois da extirpação.

A incerteza quanto ao futuro, as dores e incômodos pós-operatórios, a demora das horas, o interesse centrado em cada progresso e cada regressão. “Hoje tive menos dores”, “Minha uretra está incomodando”, “A micção está dolorosa”, “Acho que abusei e a barriga está doendo muito”. A vida corria lá fora e eu pensava no dia de tirar a sonda.

Também, a enurese no início da recuperação, o medo da impotência, as idas e vindas das ereções, as mudanças de atitude diante de fatos corriqueiros da vida. Tudo fazia parte de um tempo de continuidade com mudanças.

Em 26 de junho, voltei ao “bruxo” Henrique. Ele afirmou que eu estava curado do câncer e que minha recuperação deveria ser total. Disse que eu ganhara "tempero espiritual". Afirmou que, comparando com a primeira vez em que ele jogara búzios para mim, em março, eu era outra pessoa. Não no sentido da personalidade, que é a mesma, explicou ele, mas no sentido espiritual. Minha doença, disse ele, tinha sido um expurgo. Sem que eu tivesse dado alguma pista sobre isso, perguntou-me se eu tinha escrito um livro. Respondi que estava escrevendo. Avaliou que seria um livro "terapêutico", útil para mim e para o próximo. Meu processo estava se concluindo e, certamente, o livro tinha muito a ver com isso. Se o livro seria útil para o próximo, eu não podia responder mas, para mim, sem dúvida, estava sendo "terapêutico" desde o começo. Então, minha gratidão às pessoas que me ajudaram em todas as fases do processo de apuração do livro vai além da obra em si.

Em nenhum momento da minha adversidade eu vi a morte. Não cheguei a desejá-la, nem a temê-la. Não senti que meus joelhos se dobravam, que minha vontade se abatia, nem quando fraquejava. Continuei. Se apanhei, não ofereci a outra face. Não me senti mais forte do que vinha sendo pela vida afora, nem mais fraco. Nem antes, nem depois de tudo. Nem de longe fui algum herói; só fui humano. Não sabia quanto me transformara e o quê passara a ser depois daquela experiência. Gostei da expressão "tempero espiritual". Se ganhei isso, deveria dar *gracias a la vida que me ha dado tanto*. O tempo é que diria se agora eu era uma pessoa melhor, pior ou apenas diferente da que tinha sido até 16 de fevereiro de 2004, dia da minha sentença.

De novo, ocorre-me Guimarães Rosa: *Tudo que já foi, é o começo do que vai vir.*

Continuo humano, continuo mortal, mas continuo vivo e apaixonado pela vida.

Posfácio

Encerrado o primeiro ano do resto da minha vida, continuo humano, continuo mortal, continuo vivo e apaixonado pela vida. Decidi que 2004 tinha sido o ano em que eu não morri, mesmo sem saber bem o que isso significava. Talvez, o ano da confrontação com o real, um real que apareceu por intermédio de um inimigo que, sem jamais mostrar a cara, me fez enfrentá-lo com todas as letras, incluindo o acento circunflexo no A.

Mais de um ano se passou desde a constatação da alteração no PSA. Dez meses se passaram desde a cirurgia que me custou a próstata e fincou um marco em minha vida. As marcas vão muito além da cicatriz no abdômen, ainda que as lembranças se distanciem no tempo. Mesmo dentro do balde de formol, o meu inimigo silencioso, poderoso e cruel jamais deixou de me observar. Ele de olho em mim, eu de olho nele.

O segundo exame de PSA, realizado no início de setembro, repetiu o 0,01 digno de comemoração, mas me alcançou num tempo de doloroso "ensimesmamento", iniciado a partir da conclusão dos originais do livro, no final de julho. Era uma enorme "ressaca", uma "rebordosa", um cansaço, quase uma exaustão.

Foi por essa época que decidi voltar à psicanálise, hipótese considerada e adiada desde o diagnóstico de câncer. Chegara a hora da elaboração daquela *overdose* vivida e as sessões semanais contribuíram para desencadear um processo interno rico, intenso e, por vezes, tormentoso. Aos 52 anos, via e revia cenas de uma vida cujo roteiro, como deve ser, começara no início e caminhava naturalmente para o fim, mas sem linearidade. E o que me interessava era o que acontecia no meio, no durante, o que pulsa.

As coisas que se ajeitassem como quisessem, que fossem se rearranjando permanentemente.

Do lado de fora, uma vigorosa retomada do trabalho, da vida cotidiana. Na família, mais um caso de câncer, desta vez "brotando" no meu cunhado Ivan, que enfrentou uma cirurgia na bexiga no final do ano, com bom prognóstico. Em oito meses, três casos: Ivan, Sérgio e Maurício. Eram os fatos da vida, o real, entrando em nossa casa sem pedir licença, denunciando a vulnerabilidade do ser humano.

Como o PSA, a recuperação sexual também era digna de comemoração. Livrar-se ou não do apoio de Viagras e assemelhados deixou de ser questão relevante. O tempo e meu organismo que decidissem. Como vaticinara o Dr. Jurandir, muito mais do que as drogas, era o tempo que funcionava como remédio.

O tempo, ah, o tempo. O tempo de minha vida.

Este livro foi composto na tipologia Arrus Bt,
em corpo 10,5/16, e impresso em
papel off-white 80g/m², no Sistema Cameron da
Divisão Gráfica da Distribuidora Record.